"
───────────────────────────────

토저의 글을 읽을 때는
마치 사막에서 오아시스를 만난 기분이다.
제임스 패커

토저의 글은 거침없다.
그는 온갖 종류의 영적 허세를 낱낱이 발가벗긴다.
찰스 콜슨

토저의 책을 읽는 것은
하나님의 마음을 향해 가는 경이로운 여행이다.
찰스 스탠리

본질을 잃고 껍데기만 남아 가는 기독교에
토저는 하나님의 사람들을 불러 세우는 글을 남겼다.
제임스 몽고메리 보이스

───────────────────────────────
"

신앙의 기초를 세워라

The Root of the Rihgteous
by A. W. Tozer

Copyright ⓒ 1955, 1983 by Lowell Tozer.
This book was first published in the United States by Moody Publishers,
820 N. LaSalle Blvd., Chicago, IL 60610 with the title *The Root of the Righteous*.
All rights reserved.

Korean edition ⓒ 1974, 2002, 2008, 2025 by Word of Life Press, Seoul, Korea.
Translated and published by permission.

신앙의 기초를 세워라(뉴에디션)
ⓒ 생명의말씀사 1974, 2002, 2008, 2025

1974년 12월 25일 1판 1쇄 발행
1994년 3월 15일   8쇄 발행
2002년 7월 5일 2판 1쇄 발행
2008년 3월 10일   5쇄 발행
2008년 12월 20일 3판 1쇄 발행
2023년 1월 3일   11쇄 발행
2025년 12월 17일 4판 1쇄 발행(뉴에디션)

펴낸이 ㅣ 김창영
펴낸곳 ㅣ 생명의말씀사

등록 ㅣ 1962. 1. 10. No.300-1962-1
주소 ㅣ 서울시 종로구 경희궁1길 6 (03176)
전화 ㅣ 02)738-6555(본사) · 02)3159-7979(영업)
팩스 ㅣ 02)739-3824(본사) · 080-022-8585(영업)

기획편집 ㅣ 유영란
디자인 ㅣ 김혜진
인쇄 ㅣ 영진문원
제본 ㅣ 보경문화사

ISBN 978-89-04-16942-9 (04230)
ISBN 978-89-04-70122-3 (세트)

저작권자의 허락 없이 이 책의 일부 또는 전체를
무단 복제, 전재, 발췌하면 저작권법에 의해 처벌을 받습니다.

토저 대표작 뉴에디션

신앙의 기초를 세워라

주님을 향한
단단한 열정으로 이끄는
경건의 기본에 대하여

서문

이 책은 약 5년에 걸쳐 여러 장소와 다양하고 흥미로운 환경에서 기록되었다. 이 책의 한 편 한 편은 종교적 수필이 아니라 일상이란 현장에서 태어난 글이다.

천국을 바라보는 내용들로 채웠지만 하나님의 자녀가 험난한 이 세상에서 분투하고 일하고 기도하며 사는 이야기와 결코 동떨어져 있지 않다.

모두 「얼라이언스 위클리」(The Alliance Weekly) 사설란에 게재된 글들인데 좋은 호응을 얻어, 마침내 지속적으로 볼 수 있도록 책으로 출판하게 되었다.

_ 에이든 토저

CONTENTS

서문 5

Part 1 신앙 생활

01 뿌리 없이는 열매도 없다 — 12
02 하나님을 아는 데 시간을 할애하라 — 16
03 하나님과 함께하는 삶은 쉽다 — 20
04 하나님께 귀 기울이는 사람의 조언을 따르라 — 25
05 듣는 귀는 말하는 입만큼 중요하다 — 28

Part 2 마음 자세

06 그리스도께서는 램프의 요정이신가 — 34
07 마음을 열어 훈계를 받아들이라 — 38
08 예배는 오락이 아니다 — 43
09 성경을 읽되 성령으로 깨닫는다 — 48
10 하나님을 두려워하는가 — 52

Part 3 믿음

11 변화 없는 거듭남은 없다 — 60
12 믿음은 뒤흔들어 놓는 것이다 — 64
13 참 믿음은 하나님만 의지한다 — 68
14 믿음대로 행동하라 — 71
15 만족은 우리의 적이다 — 74

Part 4 그리스도와 십자가

16	그리스도께서 본이 되신다	80
17	십자가는 급진적이다	84
18	살고자 하면 죽어야 한다	89
19	그리스도께서는 우리 마음을 위해 죽으셨다	93
20	그리스도의 승리에 참여하라	97

Part 5 예배자의 삶

21	능력은 행동이 아니라 내면에서 나온다	104
22	다 알 수 없음을 인정하라	108
23	삶 전체가 기도가 되게 하라	113
24	주 되심 없이는 구주도 없다	116
25	직접 경험하라	120

Part 6 중심

26	동기가 무엇인가	124
27	프로그램보다 하나님의 임재가 중요하다	128
28	가장 비참한 낭비를 초래하지 말라	133
29	영혼을 방치하면 황폐해진다	138
30	먼저 거룩한 사람이 되라	142

Part 7 경건

31	영적 분별력을 갖추라	148
32	영혼의 집을 넓히라	153
33	의로운 욕구는 생명으로 이어진다	158
34	의심은 죄가 아니다	162
35	감사는 영을 건강하게 한다	167

Part 8 고난

36	일시적 영적 가뭄에는 믿음이 필요하다	174
37	장애물은 예배를 방해할 수 없다	178
38	성도의 고난은 약이 된다	181
39	시련으로 인해 하나님을 찬양하라	186
40	패배처럼 보이는 승리도 있다	191

Part 9 경배

41	보지 못한 분을 사랑하는 것은 가능하다	198
42	침묵은 찬송 이상의 찬송이다	202
43	세 가지 수준의 사랑이 있다	206
44	머리는 차가워야 한다	210
45	목적지 없는 세상을 따라 달릴 것인가	215
46	하나님은 처음과 나중이시다	219

Part 1

신앙 생활

뿌리 없이는 열매도 없다
하나님을 아는 데 시간을 할애하라
하나님과 함께하는 삶은 쉽다
하나님께 귀 기울이는 사람의 조언을 따르라
듣는 귀는 말하는 입만큼 중요하다

01

뿌리 없이는 열매도 없다

 대대로 이어 온 우리 선조의 신앙과 그 자손이 이해하고 실천해 온 신앙 사이에는 뚜렷한 차이가 있다. 조상들은 일의 근원에 관심을 가진 반면 오늘날 자손들은 그 열매에 관심을 갖는다.

 초기의 아우구스티누스(Augustine)와 베르나르(Berard), 근대의 루터(Luther)와 웨슬리(Wesley) 등 위대한 그리스도인에 대한 태도를 보면 그 차이가 확연히 드러난다. 오늘날은 이러한 사람의 전기를 쓸 때 그들이 맺은 열매는 기록하지만, 그 열매를 맺게 한 근원은 간과하는 경향이 있다. 그러나 잠언에서 지혜자는 "의인은 그 뿌리로 말미암아 결실하느니라"(잠 12:12)라고 했다. 선조들은 나무 뿌리를 먼저 보고, 열매가 나타나기를 참고 기다렸다.

그런데 우리는 복잡하게 뒤엉키고 연약해 전혀 자라지도 못한 뿌리에서 성급히 열매를 따려고 든다.

오늘날의 그리스도인은 옛 성도의 단순한 신앙을 멀리하며, 하나님과 거룩한 것을 가까이하려는 그들의 진지한 마음을 비웃는다. 옛 성도는 종교적 시야가 제한적이었을지 몰라도 만족스러운 영적 성숙을 이루려고 애썼다. 아울러 그들은 부족한 점이 있었을지라도 세상에 많은 유익을 끼친 훌륭하고 강인한 사람들이었다. 그런데 우리는 그들의 신학이나, 죽기 아니면 살기라는 적극적인 신앙 태도는 받아들이지 않으면서 그들의 열매만을 본받으려 한다.

우리가 얼마나 잘못되었는지는 자연 법칙 하나를 예로 들어 설명할 수 있다.

태풍에 부러진 나뭇가지에 꽃이 몇 송이 피어나면 어리석은 행인은 그 가지가 튼튼하고 열매 맺는 나무라고 생각할 수도 있다. 그러나 꽃은 곧 시들고 가지도 말라죽을 것이다. 뿌리를 떠나서는 생명을 오래 지탱할 수 없기 때문이다.

오늘날 많은 신앙 행위가 실은 잘린 가지가 열매를 맺는 것처럼 얄팍하고 눈가림만 하는 것 같다. 그러나 심오한 생명의 법칙은 이와 반대이다. 겉모습에 몰두하고 진정한 영적 생명의 근원을 무시하는 일은, 하나님의 일하심을 깨닫지 못하고 그냥 지나쳐 버리는 것과 같다. 그러나 즉각적인 '결과들'은 다음 주와 다음 해를 생각지 못하고 그저 현재의 성공만 추구하는 잠깐의 증거일 뿐이다.

종교적 실용주의가 우리 신앙의 근간을 뒤흔든다. 효과적이기만 하면 무엇이든 진리라고 여긴다. 결과만 얻을 수 있다면 무조건 좋은 일이라고 추앙한다. 종교 지도자를 평가하는 가장 적합한 방법 가운데 하나는 그의 성공 여부이다. 상황이 이렇다 보니 다른 모든 것은 용서해도 실패만은 용서하지 않는다.

뿌리가 튼튼한 나무는 어떤 풍파에도 견고하게 자리를 지킨다. 그러나 우리 주님이 저주하신 무화과나무는 "뿌리째 말랐고" 곧 "시들어 버렸다"(참조. 막 11:20-21). 뿌리가 튼튼한 교회는 넘어질 수 없으나 뿌리가 마른 교회는 구제할 도리가 없다. 격려나 캠페인이나 헌금이나 아름다운 건물로는 뿌리 없는 나무를 소생시킬 수 없다.

사도 바울은 우리의 근원으로 눈을 돌리라고 권한다. "사랑 안에 뿌리를 박으며 기초를 두라"(참조. 엡 3:17)라고 말하고, 또

"그 안에 뿌리를 박으며 세움을 입으라"(참조. 골 2:7)라고 말한다. 그리스도인은 뿌리를 잘 박은 나무와 견고한 기초 위에 세워진 집이다.

성경에서뿐 아니라 과거의 모든 위대한 성도는 우리에게 한결같이 말한다. "무엇이든지 당연하다고 생각하지 말라. 근본으로 돌아가라. 마음의 문을 열고 성경을 상고하라. 덧없는 종교적 유행을 따르지 말며, 자기 십자가를 지고 네 주님을 따르라. 다수가 항상 옳은 것은 아니다. 어느 시대든 의인의 수는 적다. 너는 의인 가운데 있음을 확신하라."

"사람이 악으로서 굳게 서지 못하거니와
의인의 뿌리는 움직이지 아니하느니라"(잠 12:3).

02

하나님을 아는 데
시간을 할애하라

　수많은 그리스도인이 영적으로 성장하지 못하고 있다. 신앙을 고백한 지 여러 해가 지났는데도 많은 사람이 처음 믿을 때와 똑같은 자리에 머물러 있다. 왜일까?

　어떤 사람은 영적으로 더 이상 성장하지 못하는 이유는 그가 구원받지 못한 사람이요, 참으로 중생하지 못했기 때문이라고 딱 잘라 말한다. 진정한 회심에 이르지 못한 거짓 신앙 고백자라고 힐난한다.

　물론 일부 사람에게는 맞는 말일 수도 있다. 그러나 단지 그렇게만 생각한다면, 영적 성숙의 정체를 슬퍼하는 사람 중에 결코 거짓 신앙 고백자가 아니며 진정한 회심을 경험했고, 바로 이

순간도 구원을 위해 그리스도를 신뢰하는 진정한 그리스도인을 놓칠 수 있다.

성장이 멈춘 원인은 다양하다. 그러므로 이 문제의 원인을 단 하나의 잘못에 돌리는 것은 옳지 않다. 그러나 중요하고도 보편적인 한 가지 원인은 '하나님을 아는 데 시간을 할애하지 않는다는 사실'에 있다.

하나님과 우리의 관계는 인격적이라기보다 율법적인 경향이 아주 강하다. 구원은 단번에 이루어졌으므로 더 이상 신경 쓸 필요가 없는 행위라고 생각한다. 그렇다 보니 초신자는 그들이 따라야 하고 경배해야 할 살아 계신 구주를 알기보다는 이미 완료된 하나의 행위를 알게 된다.

그리스도인의 강함과 약함은 하나님을 아는 지식을 얼마나 많이 체득했는가에 달려 있다. 바울은 단번에 저절로 기독교를 옹호하고 나서지 않았다. 그는 자신의 전 생애를 그리스도를 아는 일에 헌신했다.

"또한 모든 것을 해로 여김은 내 주 그리스도 예수를 아는 지식이 가장 고상하기 때문이라

> 내가 그를 위하여 모든 것을 잃어버리고 배설물로 여김은
> 그리스도를 얻고 그 안에서 발견되려 함이니 …
> 내가 그리스도와 그 부활의 권능과 그 고난에
> 참여함을 알고자 하여 그의 죽으심을 본받아
> 어떻게 해서든지 죽은 자 가운데서 부활에 이르려 하노니 …
> 푯대를 향하여 그리스도 예수 안에서 하나님이
> 위에서 부르신 부름의 상을 위하여 달려가노라"(빌 3:8-11, 14).

신앙은 개개인이 삼위일체 하나님에 대한 지식을 실제적으로 쌓아 가면서 성장한다. 이는 전 생애 전체를 바쳐야 하는 일이다. 하나님에 관한 지식을 얻는 데는 많은 시간이 걸린다. 오직 우리가 그분께 시간을 바칠 때에만 하나님은 만족스럽게 우리에게 그분의 모습을 나타내 보이신다.

우리는 "예수님과의 짧은 대화"라는 노래를 부르고, "하나님의 순간"과 같은 제목의 책을 쓴다. 하나님께 '순간'을 드리기를 기뻐하고 '예수님과의 짧은 대화'를 즐긴다면, 이는 하나님께 영적 성숙의 정체를 타개할 지름길을 보여 달라고 애원하는 것과 같다.

거룩해지는 데는 지름길이 없다. 영적 생활의 전환기 또한 오래 사색하고 기도함으로써 찾아올 때가 많다. 경이감이 점점 더 커질수록 삶의 변화를 이룰 전환기가 빨리 찾아온다. 전환기는 또한 차근차근 쌓아 온 과거에서 비롯된다. 수압이 점점 올라가 결국 분출하는 물과 같이 모든 일의 배후에는 천천히 진행되는 하나님을 기다리는 과정이 있다.

마음이 너무 혼란할 때는 미처 하나님을 생각하지 못할 수도 있다. 그러나 지혜로운 그리스도인은 혼란을 단호하게 내몰고 왕을 위해 자기 안의 방을 비울 것이다. 영적 생활에서는 다른 무엇보다 하나님과의 교제에 힘써야 한다.

이것은 우리가 얼만큼 결심하느냐에 달려 있다. 하나님은 그분을 알고자 하는 우리의 노력에 보상을 주신다.

03

하나님과 함께하는
삶은 쉽다

사탄이 인류에게 가한 최초의 공격은 하나님의 은총을 믿는 하와의 믿음을 파괴하는 것이었다. 안타깝게도 사탄은 성공하여 하와, 아담, 인류를 넘어뜨렸다. 그날부터 인간은 하나님을 잘못 생각하게 되었고, 그 결과 인류는 의의 근원으로부터 단절된 채 무모하고 파괴적인 생활을 일삼았다.

그릇된 신 관념보다 인간의 영혼을 흉하게 만드는 것은 없다. 바리새파와 같은 종파는 하나님을 엄격하고 준엄한 분으로 여겨 외적으로 높은 도덕 수준을 유지했으나 그들의 의는 형식에 지나지 않았다. 그 내면은 주님이 말씀하셨듯이 "회칠한 무덤"(마 23:27)과 같았다.

신에 대한 관념이 잘못되다 보니 그들은 예배에 대해서도 잘못된 생각을 가졌다. 바리새인에게 하나님을 섬기는 일은 속박이요, 감당 못 할 큰 손실이 따르는 일이었다. 바리새인의 하나님은 함께하기 곤란한 신이었다. 그 결과 그들의 신앙은 냉혹하고 딱딱하며 사랑 없는 종교가 되었다. 이처럼 신에 대한 관념은 자연스레 신앙의 질을 결정한다.

많은 교회가 그리스도의 성육신 이래 엄격하고 고압적인 태도를 취했다. 합당하지 못한 하나님에 대한 개념을 갖고 있었기 때문이다. 사람은 본능적으로 자신이 생각하는 하나님처럼 되려 하기 때문에 그에게 하나님이 고압적이고 가혹한 분이라면 그 자신도 그렇게 될 수밖에 없다.

하나님을 바르게 이해하지 못한 탓에 오늘날 선한 그리스도인에게도 불행한 삶이 찾아온다. 그리스도인의 삶이란, 엄하고 많은 책임을 지우며 핑계를 허용하지 않는 아버지 앞에서 무거운 십자가를 지고 가는 것이라 생각한다. 하나님은 고압적이고 역정을 내며 아주 변덕스럽고 비위를 맞추기 힘든 분이라고 생각한다. 이런 생각에서 비롯되는 신앙 생활은 분명 그리스도 안에 있는 진정한 생명을 흉내 내는 삶에 지나지 않을 것이다.

영적으로 건강하려면 무엇보다 마음에 하나님에 대한 바른 개념을 유지해야 한다. 만일 하나님을 냉정하고 가혹한 분으로 생각한다면, 그분을 사랑하지 못하고, 비굴한 공포로 고통받으며 살게 될 것이다. 그러나 하나님을 친절하고 이해심 많은 분으로 안다면, 우리의 영적 생명은 이 개념을 좇아갈 것이다.

하나님은 모든 존재에게 가장 매력적인 분이시며 그분과 함께하는 일은 한없이 즐겁다. 하나님은 온통 사랑이시다. 그러므로 그분을 신뢰하는 자는 이 사랑을 반드시 알아야 한다.

하나님은 진실로 공의로우시며 죄를 간과하지 않으시지만, 영원한 언약의 피로 인해 마치 우리가 전혀 범죄하지 않은 것처럼 우리를 대하신다. 하나님을 신뢰하는 사람에게는 그분의 인자가 공의를 항상 이길 것이다.

하나님과의 교제는 말로 다 표현할 수 없이 즐겁다. 하나님은 구원받은 자와 쉽게 교제하시며, 영혼에 평안과 회복을 주는 제약받지 않는 교제를 하신다. 그분은 예민하거나 이기적이지 아니하며 냉혹하지도 않으시다. 오늘의 하나님은 내일도 동일하며 모래도 내년에도 동일하시다. 그분을 만족시키기는 어렵지만 기쁘시게 하는 일은 어렵지 않다.

하나님은 우리에게서 그분이 먼저 공급하신 것만을 기대하신다. 하나님은 그분을 기쁘시게 하려는 우리의 단순한 노력을 즉시 기록하시고, 우리가 그분의 뜻대로 행한다는 것을 아는 즉시 우리의 불완전한 모습을 기억하지 않으신다. 하나님은 우리를 위해 우리를 사랑하고 또 우리의 사랑을 우주의 은하수보다 더 가치 있게 여기신다.

불행히도 많은 그리스도인이 그들의 그릇된 신 관념에서 벗어나지 못한다. 이런 관념이 그들의 내적인 자유를 파괴하고 있다. 이런 사람은 탕자의 형과 같이 하나님을 우울하게 섬기며, 열심도 기쁨도 없는 의를 행하고, 격려와 기쁨이 넘치는 축하를 이해하지 못한다. 하나님에 대한 이들의 개념은, 하나님이 자기 백성의 기쁨이 되신다는 사실을 배제하고 찬송과 외침을 단지 광신자의 전유물로 돌린다. 이들은 우울한 길을 억지로 가려고 하고, 하늘이 무너질지라도 의를 행해야 하며, 최후 심판날에 이기는 편에 서려면 애써 의를 행해야만 한다고 생각한다.

하나님은 함께 생활하기 참 쉬운 분이시다. 그분은 우리의 구조를 기억하시며 우리가 흙이라는 것을 아신다. 물론 때때로 우리를 징계하시는 것은 사실이다. 그러나 그 징계는, 비록 불완전하지만 약속받은 자녀가 더욱더 자기 아버지를 닮고자 매일매일 나아오는 모습을 보고 기쁨을 금치 못하시는 아버지의 부드러운 사랑이 함께하는 징계이다.

    어떤 사람은 하나님이 우리의 모든 생각과 길을 아신다는 사실 때문에 안절부절못한다. 하지만 이럴 필요가 없다. 하나님은 모든 인내의 절정이시며, 친절하고 선한 의지의 본질이시기 때문이다. 우리가 선해지기 위해 스스로 애를 쓴다고 해서 하나님이 기뻐하시는 것은 아니다. 그분을 기쁘시게 하는 방법은 아주 쉽다. 불완전한 모습 그대로 모두 그분의 팔에 내맡기고 그분이 모든 것을 이해하며 여전히 우리를 사랑하신다는 사실을 믿으면 된다.

04

하나님께 귀 기울이는 사람의 조언을 따르라

설교를 통해 단 하나라도 참된 진리의 보석을 건진다면 우리가 보낸 시간에 대해 하나님이 훌륭한 보상을 주신 것이다.

얼마 전 어느 설교에서 이런 보석 한 개를 발견했다. 그 설교자는 "하나님의 밀씀을 듣지 않는 자의 말은 누구의 말도 듣지 말라"라고 말했다. 매우 귀중한 문장이다.

대개 열 명 가운데 아홉은 자기가 다른 사람에게 조언할 자격이 있다고 믿는다. 특히 종교와 도덕 분야에 대한 조언을 무척 자신 있어 한다. 그러나 크게 잘못된 생각이다. 보통 사람은 이 분야에 대해 지혜롭게 말할 능력이 없다. 그렇기 때문에 그 조언은 오히려 큰 해를 끼칠 수 있다. 상담사가 필요하다면 신중에

신중을 기하라. 그리고 거부를 선택할 수 있다는 사실도 염두에 두라.

다윗은 불경건한 사람과 의논하지 말라고 경고한다. 성경 역사는 그릇된 조언을 취한 탓에 실패한 인생을 산 사람의 실례를 보여 준다. 르호보암은 하나님의 말씀을 듣지 않는 이들의 말을 따랐다. 결국 온 이스라엘의 장래가 그가 하나님을 거역한 영향 아래 놓이게 되었다. 아히도벨의 모략은 압살롬의 죄악을 크게 더하는 악한 일이었다.

누구든지 하나님의 말씀에 먼저 귀 기울이지 않는 자는 조언할 자격이 없다. 누구든지 하나님의 말씀을 들을 준비가 되어 있지 않고 그분의 조언을 따르려는 마음가짐이 없다면, 다른 사람을 상담해 줄 권리가 없다. 진정한 도덕적 지혜는 반드시 하나님의 음성을 담아 내는 메아리여야 한다. 우리가 가는 길의 가장 안전한 빛은 세상의 빛 되신 그리스도로부터 반사된 빛이다.

특히 청년은 누구의 조언을 신뢰할지 배워야 한다. 청년은 세상에 대한 경험이 많지 않기 때문에 다른 사람의 조언을 구해야만 한다. 그들은 날마다 다른 사람의 의견을 받아들여 이를 자신의 것으로 수용하고 있다.

그들이 독립하겠다고 큰소리로 외치며 자랑한다면 독립이 미덕이라는 개념을 누군가로부터 들은 것이다. 그들의 독립하려는 열성도 다른 사람의 영향을 받아 생겨난 것이다. 그들이 갖춘 현재의 인격 역시 조언에 의해 형성된 것이다.

반드시 하나님의 말씀에 먼저 귀 기울이는 사람의 말을 따르라. 그래야만 세상에 도사리는 수많은 덫을 피해 살아남을 수 있다. 이 법칙을 기준으로 계획을 점검하라. 오늘날은 유별난 종교 활동이 난무하기 때문에 우리의 자세를 흐트러지지 않게 잘 가다듬어야 한다. 누군가의 말을 들어야 한다면, 그 사람에게 아첨하는 기색이 없는지 살펴보아야 한다.

우리에게는 십자가 표시가 없는 사람이나 활동에 협조할 어떠한 영적 의무도 없다. 너무 비빠서 하나님의 말씀을 들을 수 없다는 사람이 세운 계획이라면, 아무리 간청해도 우리의 돈이나 시간을 바쳐서는 안 된다.

하나님은 이 세상에 여전히 자기의 선민을 두신다. 이들은 언제나 하나님의 말씀에 먼저 귀를 기울이며, 하나님의 말씀을 듣는다. 그러므로 이런 사람의 말은 안심하고 들을 수 있다. 그러나 이외의 사람들 말은 듣지 말라.

05

듣는 귀는
말하는 입만큼 중요하다

　설교자가 진리를 선포할 때 대부분이 소홀히 여기는 부분이 있다. 곧 듣는 사람에게 들으려는 진지한 자세가 있어야 한다는 사실이다. 사람들은 하나님의 말씀을 들었으니 교훈을 받았다고 생각하겠지만 사실은 그렇지 않다.

　참으로 교훈을 받으려면 말씀을 소중히 여기며 들어야 한다. 진지한 자세로 들어야 한다. 좋은 책, 하물며 성경이라도 설교 시간에 읽는다면 진리를 합당하게 듣는 것이 아니며, 많은 손실을 보게 된다. 이는 진리를 올바르게 듣는 마음 자세가 아니다.

　성경에 "내 입에서 나가는 말도 이와 같이 헛되이 내게로 되돌아오지 아니하고 나의 기뻐하는 뜻을 이루며 내가 보낸 일에 형통함이니라"(사 55:11)라는 말씀이 있다. 이 말씀은 하나님의 진리는 어느 때나 어느 곳에서나 반드시 유효하다는 개념을 뒷받침한다.

그런데 구약성경 선지자들은 그들이 이스라엘 백성을 향해 크게 외쳤으나 누구도 돌아보는 이가 없어 슬퍼했다. "내가 불렀으나 너희가 듣기 싫어하였고 내가 손을 폈으나 돌아보는 자가 없었고 도리어 나의 모든 교훈을 멸시하며 나의 책망을 받지 아니하였은즉"(잠 1:24-25).

주님이 들려주신 씨 뿌리는 비유는 진리를 듣고도 아무 유익이 없을 수 있다는 또 하나의 증명이다. 바울은 "너희가 듣기는 들어도 도무지 깨닫지 못하며"(행 28:26)라는 말씀을 인용하며 유대인에게서 돌아서서 이방인을 대상으로 사역을 시작했다.

하나님의 진리에 대한 참된 이해가 있기 전에 마음의 준비가 되어 있어야 한다. 우리 주님은 복음서 몇몇 구절에서 이를 분명히 제시했다. "그 때에 예수께서 대답하여 이르시되 천지의 주재이신 아버지여 이것을 지혜롭고 슬기 있는 자들에게는 숨기시고 어린 아이들에게는 나타내심을 감사하나이다 옳소이다 이렇게 된 것이 아버지의 뜻이니이다"(마 11:25-26).

요한복음에도 하나님의 진리를 진정으로 이해하기 전에 영혼의 준비가 되어 있어야 한다는 교훈이 가득하다. 이런 교훈은 요한복음 7장 17절에 요약되어 있다. "사람이 하나님의 뜻을 행하려 하면 이 교훈이 하나님께로서 왔는지 내가 스스로 말함인지 알리라."

또한 바울도 다음과 같이 분명히 말했다. "육에 속한 사람은 하나님의 성령의 일들을 받지 아니하나니 이는 그것들이 그에게는 어리석게 보임이요, 또 그는 그것들을 알 수도 없나니 그러한 일은 영적으로 분별되기 때문이라"(고전 2:14).

대개 교회는 목회자를 선택할 때 "이 사람이 우리에게 설교하기에 합당한가?"를 생각한다. 하지만 그때는 이런 질문을 해야 한다. "우리는 이분의 설교를 들을 준비가 되어 있는가?" 듣는 자의 겸손한 자세는 주님이 그들에게 보내 주신 양초의 크기에 상관없이 훨씬 더 많은 빛을 누리게 할 것이다.

누구든 들을 자세가 되어 있을 때, 하나님은 때때로 하잘것없는 매개체를 통해서도 말씀하신다. 예를 들면 베드로는 수탉의 울음소리를 듣고 회개했다. 물론 그 수탉은 자신이 무슨 역할을 했는지 알지 못했겠지만 수탉의 울음을 들은 배반한 사도의 마음은 찢어졌고 참회의 눈물이 홍수처럼 쏟아졌다. 아우구스티누스는 벼락을 맞아 죽은 친구를 본 뒤 회개했다. 니콜라스 헤르만(Nicholas Hermann)은 잎이 떨어져 벌거숭이가 된 겨울 나무를 보고 회심했다. 스펄전(Spurgeon)은 평범한 주일학교 교사가 회중을 격려하는 말을 듣고 그리스도인이 되었다. 무디(Moody)는 자기의 친지, 즉 순박한 믿음을 가진 중년 부인의 간증을 통해 분명하게 성령의 기름부음을 받았다.

이 모든 실례에서 한 가지 사실을 알 수 있다.

하나님은 들을 준비가 된 자의 마음에는 말씀하시지만, 반대로 준비가 되어 있지 않은 사람에게는 그가 매 주일 하나님의 말씀을 들을지라도 아무것도 듣지 못하게 하신다. 훌륭한 청자는 훌륭한 설교자만큼 중요하다.

Part 2

마음 자세

그리스도께서는 램프의 요정이신가
마음을 열어 훈계를 받아들이라
예배는 오락이 아니다
성경을 읽되 성령으로 깨닫는다
하나님을 두려워하는가

06

그리스도께서는
램프의 요정이신가

주님은 거짓 그리스도가 오리라고 미리 경고하셨다.

보통 거짓 그리스도는 외부에서 올 거라 생각한다. 그런데 그들은 교회 안에서도 일어날 수 있다. 그러니 우리가 따르기로 고백한 그리스도는 바로 하나님이심을 마음에 새기라. 우리는 언제나 참 그리스도가 아닌, 인간의 머리로 고안하거나 상상해 낸 신을 추종할 위험이 있다.

나는 그리스도께서 사람들을 돕기 위해 일하신다는 식의 말을 들으면 한편으로 불안하다. 이럴 때 사람들은 그리스도를 우리의 목적을 이루도록 기꺼이 도우시는 분으로, 더 나아가 그 목적이 도덕적, 영적으로 타당한지 묻지 않고 호의를 베푸시는 분으로 생각하기 때문이다. 모든 것을 가리지 않고 도우시는 친절하고 훌륭한 맏형으로 그분을 추대한다.

또 우리는 믿지 않는 사람들이 그리스도를 영접하게 하려고 소위 사이비 그리스도를 전하려는 시험에 빠지기도 한다. 이 사이비 그리스도란 성령으로 잉태되어 처녀 마리아에게서 났고 십자가에 못 박혔다가 삼 일만에 부활하여 하늘에 오르사 하나님 우편에 앉아 있는 '거룩한 무언가'의 모방에 불과하다.

예를 들면, 지난 여러 해 복음주의자는 마치 신실한 프로 권투 선수가 적당한 기도만 드리면 링에서 다른 선수를 때려 눕혀 의식불명으로 만드는 일을 그리스도께서 도우실 거라고 생각했다. 또한 그리스도를 마치 야구 시합에 나간 투수가 멋진 커브 볼을 던지는 것을 도우시는 분이라 자랑했다.

혹은 사업가가 기도만 하면 경쟁자를 크게 이기고 남보다 싸게 입찰을 하며, 다른 사람을 제치고 바라는 계약을 맺도록 그리스도께서 도우신다고 믿었다.

이렇게 우리 주님은 실리를 추구하는 자들의 그리스도가 되었으며, 입찰이 잘되게 해 달라고 그분을 부르는 사람을 위해 작은 기적을 행하는 램프의 요정과 같은 분이 되고 있다.

그러나 만일 그리스도께서 어떤 기도하는 사업가를 돕기 위해 다른 사람에게 손해를 입히신다면, 그분은 성경이 묘사하는 주님과는 전혀 다른 편파적인 사랑을 하는 분이 되고 말 것이다. 한번 생각해 보라. 불완전한 아담의 후손을 돕기 위해 달려오시는 모습이 얼마나 기괴하겠는가? 상상만 해도 무서운 일이다.

그리스도께서 남이 시키는 대로 하는 분이라고 생각하는 사람은 그들의 허울뿐인 교리에 담긴 의미를 깨닫기 바란다. 하지만 아마도 그들은 이 사실을 깨달은 뒤에도 실리주의자의 그리스도를 인류의 구주로 제시하기를 즐길 것이다.

이렇게 되면, 그들은 그리스도께서 인류의 구주시라는 말에 담긴 진정한 뜻, 즉 그리스도의 신성이나 주 되심을 더 이상 믿지 않을 것이다. 그들이 믿는 그리스도는 육체적 편의를 도모하는 그리스도이다. 이는 이교의 신과 별 차이가 없는 유사 신이다.

하나님이 우리를 구원하신 유일한 목적은 우리를 거룩하게 하여 하나님의 형상으로 회복하시기 위해서다. 이를 완성하기 위해 그분은 우리를 세상적 욕망으로부터 분리시키고, 세상 사람이 마음을 쏟는 비천하고 무가치한 상급에서 우리를 떠나게 하신다.

거룩한 사람은 결코 경쟁자를 이기게 해 달라거나 적수를 물리치게 해 달라고 하나님께 구하지 않는다. 반드시 다른 사람이 넘어져야 하는 성공을 그는 원치 않는다. 성령님이 그 안에 거하는 사람은 더러운 이익이나 저속한 관중으로부터 갈채를 받기 위해 다른 사람을 인사불성으로 때려눕혀 달라고 주님께 구하지 않는다.

여호수아나 다윗이 하나님의 전쟁을 싸우며 하나님의 도우심을 구한 것에는 높은 수준의 도덕적이고 영적인 원리가 있으며, 이는 하나님의 목적에 합한 일이었다. 그러나 그리스도께서 그분의 거룩한 능력을 우리의 세상적 이익을 증진시키는 데 사용하신다고 가르친다면 주님께 해를 끼치는 일이요, 우리 자신의 영혼에 상처를 입히는 일이다.

현대 복음주의자는 하나님의 주권에 대한 진리와 그리스도의 주님 되심에 대한 진리를 배워야 한다. 이기적인 아담의 무리는 그리스도를 이용하려 들어서는 안 된다. 오늘날 젊은 그리스도인 세대가 참된 영광의 주가 아닌, 편의상 유사 그리스도에 지나지 않는 '그리스도 비슷한' 존재를 따르는 가장 비참한 희생자가 되고 있지는 않은지 살펴야 한다.

07

마음을 열어
훈계를 받아들이라

전도서에 있는 한 짤막한 구절은 '경고를 받을 줄 모르는 늙고 어리석은 왕'에 대해 말하고 있다(참조. 전 4:13).

늙은 왕, 특히 어리석은 왕이 자신이 경고를 받을 필요가 없다고 느끼는 이유를 쉽게 알 수 있다. 그는 여러 해 명령만 내렸기에 자기 확신에 넘쳤을 것이고, 그 결과 다른 사람의 충고를 받아들이지 못하게 되었다. 오랫동안 그의 말은 곧 법이었으며, 그에게 정의란 자신의 의지와 동일했고, 자기 뜻에 위배되는 일은 무엇이든 불의를 의미했다. 즉 자기를 책망하기에 충분히 지혜롭고 선한 사람이 있다는 생각을 마음에 품기조차 어려웠을 것이다.

그는 이런 거미줄에 자신을 감금하는 어리석은 왕이 되고 말았다. 이 늙은 왕은 시간을 다 쏟아부어 자신이 찢을 수 없을 정도로 강하게 거미줄을 쳤다. 여기에 익숙해지도록 오래 머물렀다. 그러다 그 거미줄의 존재를 더는 의식하지 못하게 되었다.

어느 모로 보나 그는 버림받은 사람이었다. 그의 늙고 시든 육체는 이미 죽은 영혼을 담은 이동식 무덤과 같았다. 소망은 오래전에 떠났다. 하나님은 그의 치명적인 자만을 방치하셨다. 그리고 머지않아 그는 어리석은 죽음을 맞이해 육체적으로도 죽고 말 것이다.

훈계를 거절하는 마음 상태는 이스라엘 역사상 수없이 반복되었고, 그 뒤에는 반드시 심판이 뒤따랐다. 그리스도께서 유대인에게 오셨을 때 그분은 유대인이 너무 거만한 나머지 자기 신뢰에 빠져 책망을 받아들이지 않고 내팽개치는 모습을 보셨다. 그리스도께서 그들의 죄와 구원의 필요성을 말할 때 유대인은 "우리는 아브라함의 자손"이라고 냉정하게 말했다.

그분의 말씀을 듣고 회개한 이들도 있었지만 특히 유대인 제사장들은 너무 오랫동안 자기 마음대로 특권을 향유했기에 자신의 지위를 선뜻 포기할 수 없었다. 늙은 왕처럼 제사장들도 언제나 자신은 의롭다는 생각에 사로잡혀 있었다. 그들은 책망을 받자 모욕을 느꼈다. 그들은 자신이 책망의 대상이 될 수 없는 언제나 옳은 사람이라고 생각했다.

교회와 교회 조직은 이스라엘과 똑같은 오류를 범할 가능성이 많다. 즉 훈계를 받지 않으려 드는 것이다. 성장하거나 성공한 후에는 자축하려는 마음에 빠지기 쉽다. 성공 그 자체가 다음에 오는 실패의 원인이 되는 것이다. 지도자는 자신이 하나님의 택함을 받았다고 생각한다. 그들은 하나님의 은총을 받는 특별한 대상이다. 남부럽지 않게 성공하지 않았는가? 그들은 스스로 모두 옳다 여기기에 그들을 책망하는 자는 누구나 주제넘게 간섭하는 자가 되고 만다. 더 나은 사람을 감히 책망하려 하다니 그는 수치를 당해야 마땅하다고 생각한다.

이게 단지 말장난처럼 들린다면 종교 지도자에게 가서 그 조직의 약점과 죄를 지적해 보라. 그러면 틀림없이 충돌이 일어날 것이고, 오히려 당신이 전적으로 틀렸으며 완전히 비정상적이라고 증명하는 보고와 통계에 직면할 것이다. 그들이 항변하는 요지는 "우리는 아브라함의 자손이다"이다. 누가 감히 아브라함의 자손에게서 잘못을 발견할 수 있겠는가?

그들은 이미 훈계를 받아들일 수 없는 상태에 빠졌기에 이런 식의 경고를 해봤자 별로 도움이 되지 않는다. 이미 절벽에서 떨어져 버렸기에 어떻게 할 도리가 없다. 그러나 다음 사람이 떨어지는 것을 방지하기 위해 경고하는 표지판을 세울 수는 있다. 다음은 경고판에 담을 내용이다.

1. 비판을 무마하려고 자기 교회나 조직을 변호하지 말라. 만일 그 비판이 그릇되다면 아무 해도 끼치지 못할 것이다. 그러나 만일 그 비판이 참되다면 당신은 그 말에 귀 기울여야 하고, 그에 관해 조치를 취해야 한다.
2. 만일 지금까지 주님을 온전하게 따랐다면 이미 이루어 놓은 일을 돌아보지 말고 앞으로 해야 할 일을 생각하라. "우리는 무익한 종입니다. 저희가 할 일을 한 것뿐입니다"라고 말하는 편이 좋다.
3. 누가 책망을 하는지에 관심을 갖지 말라. 당신을 책망하는 사람이 친구인지 원수인지 알려고 하지 말라. 가끔 대적이 친구보다 더 큰 유익을 줄 수도 있다. 그는 관계의 영향을 받지 않고 냉철하게 지적하기 때문이다.

4. 마음을 열어 주님의 훈계를 받아들이고 매를 가진 자가 누구든 그의 징계를 받아들일 준비를 하라. 위대한 성인은 모두 징계를 자비로 받아들였다. 바로 그것이 그들을 위대한 성인이 되게 한 이유일 수도 있다.

08

예배는
오락이 아니다

  어떤 독일 철학자는 마음이 풍요로운 사람은 외부로부터 필요로 하는 것이 적다고 했다. 외부에서 공급받을 것이 지나치게 많은 사람은 속사람이 파산했다는 뜻이라고 말이다.

  온갖 종류의 오락이 활개를 치는 현실은 현대인의 내면의 삶이 심각하게 쇠락했다는 증거이다. 요즘 사람은 도덕적 확신을 가질 만한 중심이 없다. 가슴 속에는 원동력도 없고, 내면의 힘이 약해서 반복적으로 심리적 자극을 주지 않으면 삶을 계속 이어갈 용기를 잃는다. 인간은 세상의 기생충이 되어, 주변 환경에서 생명을 빨아먹으며 사회가 제공하는 자극을 떠나서는 하루도 살 수 없게 되었다.

슐라이어마허(Schleiermarher)는 모든 종교적 예배의 근원에는 의존적 감정이 내재되어 있는데, 얼마나 고차원적이든 영적 생활은 언제나 하나님만이 만족시킬 수 있는 커다란 욕구를 깊이 의식하는 데서 시작한다고 말했다. 만일 이 욕구에 대한 의식이나 의존적 감정이 종교의 근원에 있다면, 많은 사람이 신격화된 오락을 열렬히 숭상하는 이유를 쉽게 알 수 있다.

오락 없이는 살 수 없는 사람이 너무 많다. 연예인이나 여러 형태의 심리적 마약 주사를 매일 맞고 탐닉하며 위안을 찾는다. 이런 것 없이는 삶에 직면할 용기를 얻지 못한다.

인생의 단순한 즐거움을 반대할 사람은 없다. 긴장을 풀거나 피로해진 정신을 회복하는 데 필요한 건전한 오락을 반대할 사람도 없을 것이다. 잘 분별하여 이용한다면 이것도 행복을 추구하는 하나의 방법이 될 수 있다. 그러나 오락에 의해 살거나, 오락을 인생의 중요한 활동으로 삼아 탐닉하는 것은 다르다.

선한 것을 남용하는 것이 죄의 본질이다. 우리 생활에서 오락의 비중이 크게 증가했다는 사실은 불길한 징조요, 현대인의 영혼에 위협이 아닐 수 없다. 쾌락을 추구하는 본성은 세상의 어떤 교육적인 영향력보다 더 인간의 마음과 인격을 사로잡는다.

더욱 불길한 것은 이 힘이 매우 악하여 내적 생명을 부패하게 하고, 이런 즐거움에 빠져들면 인간의 영혼을 채울 영원에 대한 생각이 밀려난다는 것이다. 이렇게 알 수 없는 매혹으로 추종자를 사로잡는 모든 쾌락은 사실상 하나의 종교로까지 발전했고, 지금은 이것을 반대하기가 위험할 정도이다.

여러 세기를 지나며 교회는 모든 형태의 세속적 오락을 전적으로 반대해 왔다. 세속적 오락은 시간 낭비요, 우리를 귀찮게 하는 양심의 소리에서 도피하는 것이며, 도덕적 책임으로부터 주의를 다른 곳으로 돌리게 하는 계략이라고 생각했다. 그래서 교회는 이 세상의 아들들에게 비난을 받았다.

그러나 근래에 교회는 비난받는 것에 지쳤다는 듯 투쟁하기를 포기했다. 신격화된 오락을 정복할 수 없다면 거기에 합세해 그 힘을 이용하는 편이 좋겠다고 결심한 듯하다. 소위 하늘의 아들들을 위한 세속적 오락을 마련하는 가증스런 일에 많은 돈을 투입하는 놀라운 광경이 연출되고 있다. 종교적인 오락은 하나님에 관한 중요하고도 진지한 것을 과격하게 밀쳐 내고 있다.

오늘날 많은 교회는 B급 제작자의 작품을 상연하는 삼류 극장보다 조금도 나을 바가 없는 곳으로 전락했다. 그런 교회들은 성경까지 인용하며 그들의 죄를 변호하는 복음주의 지도자의 지지를 받는다. 그러나 이 일에 대해 누구 하나 감히 반대하는 말을 하는 자가 없다.

이 신격화된 오락은 주로 이야기를 들려주며 그 추종자에게 즐거움을 준다. 이야기를 좋아하는 것은 어린아이의 특징이라 할 수 있는데 오늘날에는 이야기들이 어리석은 성도의 정신을 사로잡고 있다.

더욱이 적잖은 사람이 장황한 이야기를 들려주거나 이를 다양하게 바꾸어 가며 교인을 즐겁게 하고 있다. 어린아이 시절에나 어울리는 것이 어른이 되었을 때까지 지속된다니건 충격적인 일이다. 더욱이 교회에서 이런 모습이 겉으로 나타날 뿐 아니라 이를 참된 종교로 추구하고 있다면, 더욱더 충격적인 일이 아닐 수 없다.

전 세계적으로 갈등과 불안과 위기가 점점 더 심화되며 그리스도의 재림이 임박한 이때에 주님을 따른다고 고백하는 자가 종교적 오락에 탐닉하는 것은 이상하고 기이한 현상이 아닌가? 성숙한 신자가 필요한 이때에 영적인 아이로 되돌아가고 종교적 장난감 때문에 아우성쳐야만 하겠는가?

"오, 주님 우리를 기억해 주십시오. 우리의 수치를 보십시오. 우리의 머리에서 면류관이 벗겨져 떨어졌습니다. 우리에게 화가 있을 것이니 우리가 범죄한 결과입니다! 이로 인해 우리 마음이 쇠했으며, 이로 인해 우리 눈이 흐려졌습니다."

아멘, 아멘.

09

성경을 읽되
성령으로 깨닫는다

성경으로 가르침을 받는 것과 성령님께 가르침을 받는 것 사이에 차이가 있다고 말한다면, 어떤 이들은 놀랄 것이다. 그러나 사실이 그렇다.

신앙의 초보 단계에서는 교육을 받아도 모든 것을 참으로 깨닫지 못할 수 있다. 그리고 성경 교리에는 익숙해도 성령님의 조명이 없어 진리의 영적 요소를 깨닫지 못할 수도 있다. 영유아부에서도 성경을 가르치고 오랫동안 교리를 가르쳤으며 목회자가 직접 훌륭한 훈련을 시켜 왔어도 성도를 실천하는 그리스도인, 생명력 있는 경건한 생활을 하는 그리스도인으로 기르지 못하는 교회가 있다.

이런 교회의 교인은 사망에서 생명으로 옮겨졌다는 증거를 드러내지 못한다. 성경이 그렇게도 명백히 가르치는 구원의 표시도 없다. 그들의 신앙생활은 매우 바르고 도덕적이지만 기계적이며 빛을 잃은 상태다. 세상을 떠난 고인에 대한 사랑과 존경을 표하기 위해 검은 완장을 차고 애도하듯 그들은 신앙을 완장처럼 차고 있을 뿐이다.

이런 사람은 위선자라는 이름을 면할 수 없다. 그런데 애처롭게도 이들 가운데 많은 사람이 그 모든 일을 매우 진지하게 생각한다. 이 눈먼 자들은, 생명력을 지니신 성령님이 부재해 마음속 깊은 곳이 언제나 영적으로 굶주리고, 무엇이 잘못되었는지도 모른 채 신앙의 껍데기만 갖고 살아간다.

교리의 신앙과 성령의 신앙의 차이는 토머스(Saintly Thomas)가 주님께 조용히 드린 짧은 기도에 잘 나타나 있다.

옛적 이스라엘 자손은 모세에게 '당신이 우리에게 말씀하소서. 그러면 우리가 듣겠나이다. 하오나 우리가 죽지 않도록 하나님이 친히 우리에게 말씀하지 않게 하소서'라고 했습니다. 그러나 저는 그렇지 않습니다. 주여, 그렇지 않습니다. 저는 주님께 간구합니다. 오히려 선지자 사무엘과 같이 겸손하고 진지하게 탄원하오니 '여호와여, 말씀하소서. 종이 듣겠나이다.' 모세나 선지자로 제게 말씀하지 마시고, 성령님 조명하셔서 여호와 하나님을 알게 하소서. 이렇게 간구하는 것은 하나님만이 제게 말씀하실 수 있고, 다른 설교자는 하나님이 없으면 아무 소용이 없기 때문입니다. 그들은 말할 수 있으나 성령님을 보내 줄 수 없습니다. 그들이 가장 아름답게 말할지라도 하나님이 침묵을 지키신다면 그 말이 영혼에 불을 붙이지 못합니다. 그들은 문자를 가르치지만 하나님은 그 뜻을 푸십니다. 그들은 신비를 이야기할 것이나 하나님은 그 숨은 뜻을 펼쳐 보이십니다. … 그들은 단지 외적인 일을 할 뿐이나 하나님은 교훈하시고 영혼을 밝히십니다. … 그들은 말로 크게 외칠 것이나 하나님은 듣는 자가 깨닫게 하십니다.

이 이상 좋은 표현은 없을 것 같다. 이런 말도 있다. "성경을 이해하려면 그 성경을 처음 영감하신 성령님의 조명 아래 읽어야 한다." 아무도 이 말을 부정하지 못할 것이다. 그러나 성령님이 그 마음을 불태우시지 않는 한 이런 말까지도 듣는 사람의 이쪽 귀에서 저쪽 귀로 흘러가고 말 것이다.

자유주의자는 우리를 '성경 광신자'라고 비난한다. 그들의 비난을 진지하게 생각해 보고 자기 분석을 해보면 가끔 맞는 부분이 있다. 정통파 신앙인 중에도 성경에 대한 영적 이해가 전혀 없이 본문의 문자에만 의존하는 이들이 종종 있다. 진정한 진리를 깨달으려면 진리는 본질적으로 영적이라는 사실을 마음에 항상 간직해야 한다.

예수 그리스도께서는 그 자신이 진리이시다. 그분은 말씀이 육신이 되신 분이지만, 그분을 단지 그 문자 안에 제한할 수는 없다. 영적인 분을 잉크로 가두거나 타이프나 종이로 울타리를 칠 수 없다. 한 권의 책이 할 수 있는 최선은 우리에게 진리의 글을 주는 것이다. 만일 우리가 이보다 더한 것을 얻는다면 그 글을 주신 성령님이 주신 것이다.

영적 기근을 느끼는 사람에게 절실히 필요한 것은 두 가지이다. 제일 먼저 성경을 알아야 한다. 성경을 떠나서는 우리 주님이 구원의 진리를 주시지 않는다. 그다음은 성령님의 조명을 받아야 한다. 성령님을 떠나서는 성경을 깨달을 수 없다.

10

하나님을
두려워하는가

"하나님을 두려워할 줄 모르는 사람은 진정으로 하나님의 은혜를 알 수 없다." 이것이 성경이 가르칠 뿐 아니라, 여러 세기에 걸쳐 수많은 믿음의 선배가 개인적으로 경험하며 입증한 하나의 진리이다.

인류를 구속하시겠다는 하나님의 최초의 선언은 큰 두려움으로 여호와를 피해 숨어 있는 남자와 여자에게 선포되었다. 하나님의 율법도 불과 연기와 우레 소리와 하나님의 나팔 소리로 두려움에 떨고 있는 백성에게 선포되었다. 사가랴의 혀가 하나님의 신비로운 능력으로 풀렸을 때 "근처에 사는 자가 다 두려워했다"(눅 1:65). "지극히 높은 곳에서는 하나님께 영광이요 땅에서는 하나님이 기뻐하신 사람들 중에 평화로다"(눅 2:14)라는 유명한 말씀도, 주의 사자가 홀연히 곁에 서고, 주의 영광이 두루 비추자 크게 무서워 떨고 있던 목자들에게 선포되었다.

눈을 크게 뜨고 성경을 읽어야만 비로소 창세기부터 요한계시록에 이르기까지 면면히 흐르는 이 진리를 볼 수 있다. 하나님의 임재는 언제나 죄인의 마음에 두려움을 주었다. 하나님이 특별하게 자신을 드러내실 때 사람들은 언제나 경악했고 압도당했으며 초자연적인 공포로 충격을 받았다. 이 공포는 자기를 보존하기 위해 육체적 해를 두려워하는 본능적인 공포와 다르다. 인간의 깊은 본성에서 우러나오는 일종의 경외심이다.

피조물의 두려움에 근거를 두지 않은 종교적 활동으로부터는 결정적인 선이 나올 수 없다. 우리 안에 있는 짐승은 강하고 자신만만해서 이것이 꺾이지 않는 한 하나님은 우리의 믿음의 눈에 자신을 나타내지 않으신다.

불결한 피조물이 갑자기 지극히 거룩하신 분을 만날 때 빚어지는 형언할 수 없는 두려움, 여기에 사로잡히지 않고서는 복음이 선포하는 사랑과 은혜의 교리에 영향을 받지 못한다. 하나님의 사랑은 세속적인 마음에는 전혀 감동을 주지 않는다. 오히려 그 지식으로 인해 단지 자신은 의롭다고 더욱더 확고하게 생각하게 될 뿐이다.

신앙의 안이한 면을 제시하며 사람을 설득시키는 자유주의자와 애매모호한 현대주의자는 인간이 하나님으로부터 멀어진 이유를 무시한다. 사람은 자기 자신으로 인해 마음의 고통을 느끼기 전에는 하나님과의 갈등에서 벗어날 수 없다. 이 진리를 뒷받침하는 예로 가인과 아벨 이야기가 있다.

가인은 하나님이 자신을 기뻐하시리라 생각하고 예물을 가져왔다. 아벨은 하나님이 자신을 용납하실 수 없으리라 생각하고 희생 제물을 가져왔다. 아벨의 떨리는 마음은 그에게 숨을 곳을 찾으라고 말했다. 그러나 가인의 마음은 떨리지 않았다. 가인은 스스로에게 전적으로 만족하며 숨을 곳을 찾지 않았다.

하나님에 대한 두려움이 그 중대한 순간에 아벨에게 적절한 도움이 되어 그의 제물의 성격 전체를 변화시키고, 그의 전 생애를 더 좋은 방향으로 돌려놓았다.

여호와를 경외할 줄 알아야 한다. 하지만 이 경외심은 여호와의 이름으로 겁을 주는 식의 위협에 의해서는 생기지 않는다. 지옥과 심판은 분명히 실재하고, 이것을 성경의 가르침에서 조금도 더하거나 감하지 말고 충분히 전해야 한다. 그러나 이것이 여호와를 경외하는 신비스러운 일을 일으킬 수 없다. 경외심은 초자연적이어서 형벌로 위협하는 것으로 생기지 않는다.

여호와에 대한 경외는 신비로운 것이지 지적인 것이 아니다. 그것은 관념이라기보다 감정이다. 거룩하신 존재 앞에서 타락한 피조물이 나타내는, 그의 깊은 곳에서 우러나는 반응으로 그 충격적인 마음을 아는 분은 하나님뿐이시다. 인간의 마음에 이런 감정을 일으키시는 분은 성령님밖에 없다. 인간의 어떤 노력도 다 쓸데없다.

하나님을 경외하는 일은 초자연적이다. 전쟁이나 요동치는 국제 정세, 경제 위기에 관해 반복적으로 경고한다고 해서 일으킬 수 있는 감정이 결코 아니다. 이런 이야기로 불안감을 조성하여 두려움을 준 다음, 그리스도를 영접하게 하려는 시도는 성경적이지 못할 뿐 아니라 효력도 없다. 염소 떼 앞에 딱총을 쏘아 그들을 양 떼 속으로 몰아넣는 일은 가능할지 모르지만 염소를 양으로 바꿀 수는 없다. 전쟁에 대한 공포가 회개하지 않은 사람으로 하여금 하나님을 사랑하고 의로운 사람이 되게 하지는 못한다.

그러면 어디서부터 진정한 하나님에 대한 경외심이 일어날까? 그것은 우리 자신의 죄를 인식하고 하나님의 임재를 깨달을 때 비로소 일어난다.

이사야는 자신이 죄인이라는 것과 여호와의 경외로운 임재를 뼈저리게 체험했다. 그는 자신의 죄를 고백하지 않을 수 없었고 그의 눈으로 왕이신 만군의 여호와를 보았다는 사실을 도저히 견딜 수 없었다.

모세가 하나님을 보고 광채 나는 얼굴로 산에서 내려왔을 때 이스라엘 백성은 그 초자연적 광경에 경외감을 느꼈다. 모세는 그들을 위협할 필요가 없었다. 그는 다만 빛나는 얼굴로 그들 앞에 섰을 뿐이다. 그러니 성령님이 우리 눈을 열어 하나님을 보게 하실 때 그보다 더한 경외심을 느끼지 않을 수 있겠는가?

Part 3
믿음

변화 없는 거듭남은 없다
믿음은 뒤흔들어 놓는 것이다
참 믿음은 하나님만 의지한다
믿음대로 행동하라
만족은 우리의 적이다

11

변화 없는 거듭남은 없다

성경을 보면 하나님의 용서는 사람을 변화로 이끈다. 도덕적인 변화가 없다면 우리는 그가 영적인 거듭남을 경험했다고 확신할 수 없다.

오늘날 인기 있는 신학을 보면 용서는 믿음에만 달린 듯하다. 종종 "나는 행위의 변화가 아닌 거듭남을 전한다"라는 말을 듣는데, 우리는 이 말이 인간의 노력으로 구원을 얻을 수 없다는 교리를 표현한다고 생각한다. 그러나 이 선언은 행위의 변화와 거듭남이 서로 상반되다는 엄청난 오류를 담고 있다.

실제로 건전한 성경 신학에서는 이 둘이 결코 상충되지 않는다. 변화 없는 거듭남 교리는 변화를 택하든지 거듭남을 택하든지 양자택일을 하라는 오류를 범하고 있다. 이것은 잘못되었다. 이 문제에서 우리는 양자택일이 아니라 두 가지 모두를 취해야 한다. 회심한 사람은 거듭나고 변화된 사람이다. 만일 죄인이 자신의 생활 방식을 기꺼이 뜯어고치려 하지 않는다면, 그는 거듭남이 무엇인지 결코 알지 못할 것이다. 이것이 복음주의 신학자가 잃어버린 지극히 중요한 진리다.

끝까지 반항하는 반역자에게 하나님이 용서를 베푸신다는 개념은 성경은 물론 상식에도 위배된다. 용서를 받았지만 아직도 죄를 사랑하고 의로운 길을 미워하는 사람으로 가득한 교회는 생각만으로도 얼마나 두려운가? 회개하지도 않고 생활 방식에 아무 변화도 없는 죄인으로 채워진 천국을 상상해 보라. 얼마나 끔찍할 것인가?

이런 이야기에 비유할 수 있다. 어떤 관리가 비밀리에 형무소를 찾아갔다. 그는 풍채 좋은 한 젊은 죄수와 대화하게 되었는데 속으로 그를 사면해야겠다고 생각했다. 그래서 그에게 만일 특사로 석방된다면 무엇을 할지 물었다. 그 죄수는 대화 상대가 누구인지도 모른 채 만일 여기서 나간다면 제일 먼저 나를 이곳에 보낸 판사의 목을 비틀어 버릴 거라고 흥분해서 말했다.

관리는 대화를 중단하고 감방에서 나왔다. 그 죄수는 계속 감옥에 있게 되었다. 개과천선하지 않은 사람을 용서하는 것은 사회에 또 하나의 살인극을 연출하는 일이다. 이런 용서는 어리석을 뿐 아니라 부도덕하다.

성경을 보면 우리를 용서하신다는 약속, 죄를 깨끗하게 하신다는 약속이 언제나 회개하라는 말과 함께 나온다.

이사야서의 널리 알려진 말씀을 보자. "너희의 죄가 주홍 같을지라도 눈과 같이 희어질 것이요 진홍 같이 붉을지라도 양털 같이 희게 되리라"(사 1:18). 이 말씀은 그 앞 구절 "너희는 스스로 씻으며 스스로 깨끗하게 하여 내 목전에서 너희 악한 행실을 버리며 행악을 그치고 선행을 배우며 정의를 구하며 학대 받는 자를 도와 주며 고아를 위하여 신원하며 과부를 위하여 변호하라"(16-17절)라는 말씀과 이어진다. 이 말씀들을 분리시켜 이해한다면 성경을 어기는 일이요, 진리를 거짓되게 취급하는 죄를 범하는 것이다.

회개 없는 구원을 가르치는 것은 교회의 도덕적 표준을 저하시킬 뿐 아니라, 여전히 쓰디쓴 죄악의 속박 아래 있으면서 구원받았다고 잘못 믿는 거짓된 종교 지도자를 대량으로 생산하는 일이다. 이들이 더 깊은 삶을 추구하는지 확인하려 한다면 환멸만을 느낄 것이다.

아직도 우리의 제단은 진리를 모른 채 "나에게 이 능력을 주소서"라고 외친 시몬과 같은 사람으로 가득하다. 이 모두가 사탄의 승리를 돕는 일임을 알아야 한다. 사탄은 변화가 따르지 않는 거듭남이라는 악한 교리를 가르치는 거짓 교사로 인한 승리를 즐기고 있다.

12

믿음은
뒤흔들어 놓는 것이다

"믿음은 뒤흔들어 놓는 것이다." 어떤 루터교인이 말했다.

믿음으로 의롭게 된다는 성경 교리를 재발견한 루터는 얼마나 하나님께 칭찬받을 만한가! 루터는 마음의 평화를 얻고 죄에서 구원을 얻는 유일한 길은 믿음뿐이라고 강조했는데, 이것이 쇠퇴기에 접어든 교회에 충격을 주고 종교 개혁을 일으켰다.

그런데 루터가 강조한 이신칭의 교리에 무슨 일이 생긴 것일까? 쉽게 알 수는 없지만 복음주의의 태도를 변화시키는 극히 심각하고 치명적인 일이 일어났다. 만일 이 일이 계속된다면 기독교가 전복되어 우리 선조의 신앙과는 전혀 다른 신념으로 바뀌고 말 것이다.

바울과 루터의 믿음은 혁명적이었다. 개인의 전 생애를 뒤엎고 동시에 다른 사람도 완전히 바꾸어 놓는 믿음이었다. 그 믿음은 생을 사로잡아 그리스도께 순종하게 한다. 자기 십자가를 지고 예수님을 따르게 한다. 그 믿음은 불 수레를 타고 회오리바람 속으로 사라진 엘리야만큼이나 분명하게 그의 옛 친구를 떠난다. 그 믿음은 주변의 것과 이별한다.

그 믿음은 덫과 같이 사람의 마음을 덮친다. 순식간에 그 사람을 사로잡아 주님의 복되고 사랑스런 종이 되게 한다. 그 믿음은 사막을 옥토로 바꾸고 믿는 영혼의 눈에 천국을 보여 준다. 모든 삶의 방향을 재조준하고 그로 하여금 하나님의 뜻에 알맞은 자가 되게 한다. 그 믿음은 믿음을 소유한 자를 진리의 첨탑 꼭대기에 올려 놓고 경험의 세계에서 일어나는 모두 일을 관망하게 한다. 그 믿음은 자신을 낮추고 하나님을 높이며, 그리스도를 말할 수 없이 사랑스러운 분으로 보게 한다. 의롭게 하는 믿음을 얻은 사람에게는 이 모두와 그 이상의 일이 일어난다.

그런데 조용하고도 분명하게 '믿음'이란 말 위에 다른 무언가가 세워졌다. 조금씩 아주 조금씩 단어의 의미 전체가 본래의 뜻에서 현재의 의미로 미끄러지듯 옮겨졌다. 그 변화는 너무도 교묘하고 은밀해서 이를 경고하는 목소리를 낼 시기를 놓치고 말았다. 그러나 그 변화로 인해 벌어진 비참한 결과가 우리 주위 어디에나 있다.

지금의 믿음은 하나님의 말씀과 예수님의 십자가에 대해 도덕적으로 수동적인 동조를 하는 것에 지나지 않는다. 이 믿음을 행사하려면 그저 한쪽 무릎을 꿇고, 우리 영혼을 구하려는 사역자의 말에 동의한다는 뜻으로 고개를 끄덕이기만 하면 된다. 그 효과는 사람들이 훌륭하고 지혜로운 의사를 찾아간 후에 느끼는 것과 비슷하다. 이렇게 의사를 방문하고 나면 굉장히 기분이 좋아지고, 실제로는 아무 병이 없는데 건강에 대해 너무 겁먹은 자신을 생각하며 미소를 짓는다. 그들에게는 단지 휴식이 필요할 뿐이다.

이런 믿음은 사람을 뒤흔들어 놓지 못한다. 이런 믿음은 그저 사람을 위로할 뿐이다. 이런 믿음은 다리를 절게 할 만큼 허벅지 관절을 치지 않는다. 오히려 심호흡을 한 후 똑바로 서게 한다. 그러면 자아를 분명히 마주하고 잃어버린 자기 확신을 되찾기는 하겠지만, 야곱처럼 새 이름을 얻지 못할 것이다. 그 영원한 태양빛 속으로 절뚝거리며 들어가지 못할 것이다.

"그가 브니엘을 지날 때에 해가 돋았고"(창 32:31).

이때 그는 야곱이라기보다 이스라엘이었다. 야곱 위에는 해가 많이 비치지 않았다. 해는 야곱 위에 머물려 하지 않았다. 그러나 하나님이 변화시키신 사람 머리 위에는 해가 머물기를 좋아한다.

이 시대 그리스도인은 믿음이 우리를 뒤흔들어 놓는다는 진리를 귀 담아 들어야 한다. 그리스도인의 신앙을 결코 만만히 보아서는 안 된다. 그리스도를 따르는 믿음은 믿는 자를 완전히 지배하든지 아니면 그 사람과 아무 상관이 없다. 믿음은 간을 보며 취할 수 있는 게 아니다. 믿음의 능력은 곤란한 경우를 대비해 비밀리에 비상구를 마련해 놓는 사람에게는 미치지 않는다.

더는 되돌아갈 수 없는 자리에 사신의 전부를 건 사람, 그만이 진정한 성경적 믿음을 소유할 수 있다. 그의 믿음은 영원하고 변하지 않는 헌신의 결과이다. 아무리 험한 시험을 받아도 그는 언제나 이렇게 대답한다. "영생의 말씀이 주께 있사오니 우리가 누구에게로 가오리이까"(요 6:68).

13

참 믿음은
하나님만 의지한다

많은 그리스도인에게 그리스도는 이상에 지나지 않는다. 신앙을 고백한 많은 신자가 그리스도께서는 실재하며 일하신다고 말하지만, 우리가 실제로 어떻게 받아들이는지는 입술이 아닌 행동을 통해 알 수 있다.

우리의 믿음은 하나님을 의지하는 것으로 증명할 수밖에 없다. 자신을 지배하지 못하는 믿음은 참된 믿음이 아니며, 거짓 신앙에 지나지 않는다. 만일 현실 속 불길에서 갑자기 자기 믿음을 시험하게 된다면, 대부분 큰 충격을 받을 것이다.

많은 그리스도인이 기독교의 진리를 받아들이면서도 그 의미에 담긴 불편함을 완화하기 위해 자신의 삶을 꾸미는 데 매우 능숙하다. 겉으로는 하나님의 도우심을 구하지만 하나님의 도우심 없이 잘 살 수 있도록 능숙히 조절한다. 우리는 주를 자랑하되 그분을 신뢰하지 않는 게 아닌지 조심스럽게 살펴야 한다. "만물보다 거짓되고 심히 부패한 것은 마음이라 누가 능히 이를 알리요마는"(렘 17:9).

거짓 신앙은 언제나 하나님이 혹시라도 실패하실 때를 대비해 빠져나갈 길을 마련한다. 참 신앙은 한 길밖에 모르며, 제2의 길이나 임시변통이 막힌다 해도 개의치 않는다. 참 신앙은 하나님, 아니면 전적인 실패 둘 중 하나이다. 아담이 창조된 이후, 하나님은 그분을 의지하는 자의 기대를 저버리신 일이 단 한 번도 없다.

거짓 신앙을 소유한 사람은 자신의 형식적인 신조를 위해서는 싸우지만 진실한 신조에 자기 장래를 맡기는 일은 단호히 거부한다. 그는 언제나 지붕이 꺼질 경우를 대비해 제2의 도피구를 마련해 둔다.

마지막 때가 가까워 올수록 우리는 반드시 하나님을 신뢰해야 한다. 지금 우리에게는 하나님을 전적으로 신뢰할 준비가 된 그리스도인이 절실히 필요하다. 참으로 하나님 외에는 그 무엇도 우리와 상관 없을 때가 기필코 닥칠 것이다. 건강과 재물과 친구와 피난처가 다 쓸려 가고 우리는 하나님만 소유하게 될 것이다. 거짓 신자는 이 말에 간담이 서늘해지고, 참 신자는 이 말에 큰 위로를 받을 것이다.

하나님 외에 다른 것은 없다고 믿는다면서 세상 살 동안 하나님을 참으로 신뢰하지 않았음이 발견된다면 그야말로 비참한 일이 아닐 수 없다. 과연 실제로 하나님을 신뢰하고 있는지 알고 싶은가? 지금 바로 하나님을 모셔 들이라. 이것만이 우리의 문제를 해결하는 확실한 치료법이다.

14

믿음대로 행동하라

나는 지구상에서 공산주의, 로마 가톨릭, 자유주의를 합친 것보다 더 기독교에 해를 끼치는 악을 보았다. 바로 신앙을 고백한 그리스도인의 신학과 삶이 전혀 일치하지 않는 것이다.

교회 안에서 이론과 실제의 간극이 너무 크다. 만일 탐구심 많은 누군가가 우연히 교회의 가르침과 실제 삶을 목격한다면 이 둘 사이에 아무런 관련이 없다고 생각할 것이다. 또는 어떤 지적인 관찰자가 주일 아침 설교를 듣고 나서, 그 설교를 들은 사람들의 주일 오후 행동을 지켜본다면, 전혀 다른 두 개의 종교를 보았다고 말할 게 틀림없다. 예를 들면, 박수를 칠 만큼 성경적인 메시지를 들은 교인들이 이십 분 후에는 방금 전 들은 감명 깊은 호소 따위는 아랑곳없다는 듯이 지극히 육적으로 회의를 진행한다. 많은 그리스도인이 습관적으로 눈물을 흘리며 아름다운 진리를 위해 기도하지만, 그 진리를 실천하려다가 난관에 부딪히면 진리를 잊어버린다.

많은 교회가 성경의 원칙으로 점검하기를 시도하지 않는다. 하나님의 뜻과 정반대 되는 모습을 너그럽게 봐 준다. 만일 누군가가 잘못을 지적하면, 지도자들은 로마 가톨릭교회 도덕가처럼 교묘한 궤변으로 그 비성경적인 모습을 합리화하며 방어한다.

그들 삶 속에서 감정과 의지 사이 살아 있는 관계가 끊긴 듯하다. 마음은 찬성하고 감정은 기뻐하지만, 의지가 발을 질질 끌면서 함께 가기를 거절한다. 그런데 그리스도께서는 우리의 의지에 직접 호소하셨다. 그렇다면 이런 우리의 마음이 주님을 참으로 의지하는지 의심해 보아야 하지 않겠는가? 혹은 우리 내면이 정말로 새로워졌는지 의심해야 하지 않겠는가?

너무나 많은 신자가 '나는 옳다'라는 감정적 만족을 즐기지만, 의롭게 사는 불편함은 원하지 않는다. 입으로는 앎과 삶이 영원히 하나라고 말할지라도 생활에서는 이론과 실제가 영원히 분리된다. 진리는 버려진 채 홀로 앉아 슬퍼하며 신앙을 고백한 신자가 잠시 들렀다가 대가를 치를 때가 되면 떠나는 모습을 본다. 그들은 진리를 향해 끊임없이 사랑을 맹세하지만, 그 사랑의 대가를 전혀 치르려고 하지 않는다.

"네가 살았다 하는 이름은 가졌으나 죽은 자로다"(계 3:1)라고 말씀하실 때 주님의 마음이 이러지 않았을까? 그리스도의 계명을 습관적으로 외면하고 자신이 만든 기독교를 따라 사는, 말로만 신앙을 고백하고 그리스도인 행세를 하는 구경꾼에게 무슨 유익이 있겠는가? 그런 자는 결국 모두 거짓이라고 결론 짓게 될 것이다. 그리고 기독교 신앙은 비실제적인 이상일 뿐이며 실제로 지키라고 주어진 것은 아니라고 믿을 것이다.

불신자가 이런 그리스도인의 모순을 보고 실망하여 복음의 초청을 거부한다 해도 크게 책망받지 않을 것이다. 종교적 행위로 인해 죽어 간 인간의 마음을 일일이 말로 다 표현할 수 없다. 언젠가 우리의 모든 행위가 온 세상을 심판하는 꿰뚫는 눈에 의해 낱낱이 밝혀질 것이다. 크고 두려운 날에, 우리의 모순과 협잡이 고발을 당한다면 어찌할 것인가? 또 기독교 흉내만 낸 사람들 때문에 구역질이 나 복음을 거부한 잃어버린 수백만에 대한 책망은 누구에게 내려질 것인가?

15

만족은
우리의 적이다

영적인 영역에 있어 만족은 확실히 한 가지 악이다. 바울은 비천에 처하든 풍부에 처하든 자족하는 법을 배웠다고 했는데 이는 자신의 영적 성취에 만족하는 것과는 다르다. 자신의 영적 상태에 있어 바울은 만족하지 않았다. "형제들아 나는 아직 내가 잡은 줄로 여기지 아니하고 오직 한 일 즉 뒤에 있는 것은 잊어버리고 앞에 있는 것을 잡으려고 푯대를 향하여 그리스도 예수 안에서 하나님이 위에서 부르신 부름의 상을 위하여 달려가노라"(빌 3:13-14).

자기 소유에 만족하는 것은 성도의 표지이지만, 자기 영적 상태에 만족하는 것은 영적으로 눈먼 자의 표지이다.

그리스도인의 가장 큰 적 가운데 하나는 안일한 신앙이다. 이미 도착했다고 믿는 사람은 더 나아가지 않는다. 그건 어리석은 일이라고 생각하기 때문이다. 그러나 이런 믿음만큼 우리에게 위험한 덫은 없다.

실제로 말씀을 내적으로 경험하지 못했으면서도 진리에 도달했다고 증명하기 위해 흔히 성경을 인용하는데 이런 습관은 매우 위험하다. 진리를 직접 경험하지 못한 것은 진리를 잘못 아는 것과 크게 다르지 않다. 모세의 자리에 앉아 율법을 가르쳤던 서기관들은 잘못 알았던 게 아니라, 그들이 가르치는 진리를 경험하는 데 실패한 자들이었다.

오늘날 수많은 그리스도인이 자기 신앙에 안일하다. 이러한 현상은 징조요 예언이다. 왜냐하면 모든 신사는 결국 자신이 바라는 대로 될 것이기 때문이다.

우리는 영적으로 갈급한 심령을 가져야 한다. 위대한 성도들은 모두 갈급한 심령을 가지고 있었다. 그들은 "내 영혼이 하나님 곧 살아 계시는 하나님을 갈망하나니 내가 어느 때에 나아가서 하나님의 얼굴을 뵈올까"(시 42:2)라고 부르짖었다. 하나님을 향한 열망이 그들을 삼켰고, 그로 인해 그들은 높은 곳을 향해 계속 전진했다. 그러나 열심 없는 신자는 부정적인 시각으로 바라보며 거기에 도달할 수 있으리라 기대하지 않는다.

영적 갈급함이 결여된 나머지 정통적인 기독교는 오늘날 영적 침체를 맞이했다. 기독교 신앙을 고백하는 많은 사람 가운데 하나님을 갈망하는 사람이 천 명 중 한 사람이 될까 말까 하다. 게다가 우리의 많은 영적 지도자는 그 작은 갈망의 불씨마저 억누르는 방식으로 성경을 사용한다. 우리는 극단을 두려워하며 감당 못할 사랑과 감당 못할 믿음과 감당 못할 거룩을 갖게 될까 봐 지나친 열심을 피한다.

하나님과 더욱 친밀하게 교제하는 순전한 기쁨을 얻고자 전부를 기꺼이 희생하는 성도를 볼 때 우리 마음이 용기를 얻는다. 그들에게 격려의 말을 보내고 싶다. 계속 기도하라, 싸우라, 찬송하라!

지금까지 우리를 위해 하나님이 행하신 일을 과소평가하지 말라. 지금까지 하나님이 행하신 모든 일에 감사하되 거기에 머물지는 말라. 하나님의 깊은 것들 속으로 계속 들어가라. 구원의 더 깊은 신비를 맛보기를 힘쓰라. 우리의 발은 땅에 붙어 있으나 우리의 마음은 원하는 대로 높이 날게 하라. 적당한 수준의 영적 상태에 머물기를 거부하고 냉랭한 영적 환경을 제거하라. 만일 우리가 '추구하기만 한다면' 천국은 틀림없이 우리 앞에 펼쳐질 것이다. 에스겔처럼 하나님의 환상을 볼 것이다.

추구하지 않는다면 우리는 결국 우리가 알지 못하는 해골 밭에 도달할 것이다. "죽어 있는 상태, 모든 평범한 사람의 전형"이라고 묘사하기에 가장 알맞은 영적 상태로 남은 생애를 불행하게 살 것이다.

하나님은 우리 모두를 이런 상태에서 구원해 주신다. 아멘.

Part 4

그리스도와 십자가

그리스도께서 본이 되신다
십자가는 급진적이다
살고자 하면 죽어야 한다
그리스도께서는 우리 마음을 위해 죽으셨다
그리스도의 승리에 참여하라

16

그리스도께서
본이 되신다

종교는 인간의 본성이 유동적이라고 올바르게 본다. 즉, 인간의 성품은 끊임없이 변화하며, 원하는 모습으로 나아갈 수 있다고 가정한다. 만약 인간의 본성이 고정적이라고 분명히 드러난다면, 종교는 즉시 그 의미 대부분을 잃을 것이다. 종교인이 가장 간절히 원하는 한 가지는 바로 변화되는 것, 즉 지금의 자신으로부터 벗어나 자신이 되고자 하는 존재로 새롭게 지어지는 것이기 때문이다.

기독교 신앙도 사람은 변화되어야 하며, 또 변할 수 있다고 전제한다. 그 변화는 단순한 개선이 아니라 도덕적 변혁이라고 부를 만큼 근본적이다. 그리스도의 메시지는 사람을 사로잡아 그를 변화시킨다. 그분의 형상을 따라 다시 빚는데, 이전과는 전혀 다른 사람이 되게 한다. "오직 마음을 새롭게 함으로 변화를 받아"(롬 12:2)라고 사도는 신자에게 말했다.

이렇게 사람이 변할 수 있고, 복음이 사람을 하나님의 능력으로 변화시킬 수 있다면, 과연 우리는 어떤 형상으로 변해야 하는지 의문이 들 것이다. 누구를, 혹은 무엇을 본받아야 하는가?

이 질문에 대해 많은 대답이 있다. 오늘날 매우 인기 있는 유사 기독교 철학은, 인간 본성 안에 규범(norm)이 있는데 우리는 여기서 이탈되었으며 반드시 그 상태로 되돌아가야 한다고 말한다. 이를 돕기 위해 종교가 있다고 말이다.

종교는 탐구심 많은 영혼을 '교정'하되 제일 먼저 개개인의 영혼을, 그다음은 사회를 교정한다. 모두가 이 교정을 의존한다. 유사 기독교 철학의 이론은 근본적으로 인간 본성이 바르고 선하나 세상의 압력에 의해 어쩔 수 없이 초점에서 벗어나게 되었다고 말한다. 인간 본성이 출생하면서 환경에 의해 해로운 영향을 받아 나쁜 것을 배워 뒤틀려 버렸다고 주장한다.

이런 종교적 사고의 목적은 인간을 본래 형상으로 회복시키는 것이다. 그러기 위해서는 오로지 자신의 본래 형상을 회복하고, 선입관과 공포와 미신의 영향력에서 벗어나 '참 사람'이 되어야 한다. 그러므로 최고의 목표는 손상된 그림을 복원하듯 삶의 오점과 더러움 밑에 가려진 화가의 손을 다시 드러내는 것이다.

꽤 그럴듯해 보이는 이론이다. 하지만 그 밑바탕에 깔린 개념은 완전히 틀렸다. 신약성경의 메시지는 이를 단호히 반대한다. 의인은 없으며 하나도 없다. 인간은 도덕적으로 영적으로 잃어버린 바 되었다. 기독교는 처음부터 이를 주장해 왔을 뿐 아니라 인간의 역사 또한 이것이 사실이라고 증거한다. 우리 안에는 새 사람의 모범이 될 만한 것이 전혀 없다. 본래 자아나 더 나은 자아로 돌아가자는 말은 비극으로 이끌 뿐이다.

사람의 마음은 만물보다 거짓되며 본성적으로 악하다. 그래서 만일 죄에서 떠나려면 우리 자신 밖으로부터, 또는 위로부터 도움을 받아야 한다. 복음이 바로 이러한 도움을 풍성하고 흡족하게 공급한다.

복음은 사람의 마음을 새롭게 하는 변화의 능력을 공급할 뿐 아니라, 새 생명이 빚어지도록 본받아야 할 모델을 제시한다. 바로 그리스도이시다. 그리스도께서는 비천한 인간의 육체를 입으셨지만 하나님이시기에 하나님과 같이 행하신다. 그러나 그분은 또한 사람이시다. 그래서 구원받은 인간의 본성이 빚어지도록 우리가 따라야 할 완전한 모델이 되실 수 있다.

    죄의 형상에서 하나님의 형상으로 신자의 본성이 변하는 이 변화는 회심으로부터 시작된다. 그때 사람은 하나님의 본성에 참여하는 자로 새로워진다. 이 변화의 역사는 중생과 성화, 믿음과 기도, 고난과 연단, 말씀과 성령을 통해 계속된다. 마침내 하나님이 품으신 꿈, 그분의 형상이 인간 안에 완전히 회복되는 일이 그리스도인의 마음 속에서 이루어진다. 하나님이 구원받은 자녀 안에서 행하시는 모든 일은 궁극적으로 인간의 본성 안에 하나님의 형상을 회복하려는 원대한 목적을 위해서다. 그 모두가 완전한 경지를 향한다.

    한편 그리스도인 자신은 큰 변화를 일으키시는 하나님과 더불어 일할 수 있다. 바울이 그 방법을 말한다. "우리가 다 수건을 벗은 얼굴로 거울을 보는 것 같이 주의 영광을 보매 그와 같은 형상으로 변화하여 영광에서 영광에 이르니 곧 주의 영으로 말미암음이니라"(고후 3:18).

17

십자가는
급진적이다

옛 로마 시대 십자가는 타협을 몰랐다. 어떤 양보도 하지 않았다. 십자가는 오직 한 가지 방식으로 자신의 주장을 관철시켰는데, 곧 상대를 죽임으로써 영원히 침묵시키는 것이다.

십자가는 다른 사람들을 죽게 했듯이 예외 없이 그리스도도 죽음으로 몰아갔다. 그들이 그리스도를 십자가에 매달았을 때는 살아 계셨지만, 여섯 시간 후 그분을 내렸을 때는 완전히 숨을 거두신 상태였다. 이것이 기독교 역사상에 나타난 최초의 십자가이다.

그리스도께서 죽음에서 다시 살아나신 후, 사도들은 그분의 메시지를 전하면서 십자가를 전파했다. 그들은 넓은 세상 어디를 가든지 십자가를 지고 갔다. 그들이 가는 곳마다 십자가의 혁명적인 능력이 함께했다.

십자가의 급진적인 메시지는, 그리스도인을 박해하던 다소 사람 사울을 온유한 신자이자 믿음의 사도로 변화시켰다. 십자가의 능력이 악한 사람을 선한 사람으로 변화시켰다. 십자가는 이교주의의 오랜 속박을 풀고 서양 세계의 도덕과 사고방식을 완전히 개조했다.

그러나 이 모든 능력은 십자가의 본래 의미, 즉 '죽음의 도구'로 남아 있을 때에만 나타났다. 십자가가 죽음의 상징에서 아름다운 장식으로 바뀌자 그 능력은 사라졌다. 사람들이 십자가를 상징으로 삼고 장신구로 만들어 목에 걸며 악을 막는 부적으로 삼았을 때, 급기야 십자가는 '우상'이라는 최악의 상태로 전락하고 말았다. 그리하여 오늘날에는 수많은 사람이 십자가의 능력을 전혀 알지 못하면서 십자가를 숭배한다.

십자가는 기존의 방식을 끝내고 새로운 틀을 창조하면서 그 목적을 이룬다. 십자가는 언제나 십자가의 길을 간다. 십자가는 반대자를 패배시키고 그 뜻을 관철시킴으로써 승리한다. 십자가는 언제나 지배한다. 십자가는 결코 타협하지 않으며 거래하거나 합의하지도 않는다. 평화를 위해 일보 양보하는 법도 없다. 십자가는 평화를 걱정하지 않는다. 십자가는 오직 가능한 한 빨리 대적을 해치우기를 원할 뿐이다.

이 모두를 완전히 아시는 그리스도께서는 말씀하셨다 "누구든지 나를 따라오려거든 자기를 부인하고 자기 십자가를 지고 나를 따를 것이니라"(마 16:24).

이처럼 십자가는 그리스도의 생명만이 아니라, 그분을 진실로 따르는 모든 사람의 첫 생명, 옛 생명을 끝낸다. 십자가는 신자의 삶 속에 있는 옛 틀, 아담의 틀을 파괴하고 끝장낸다. 그 후에야 하나님은 그리스도를 죽음에서 일으키셨듯이 신자를 일으켜 새 생명을 주신다.

오늘날 복음주의자는 인정하지 않을지 모르지만 이 개념이야말로 조금도 부족함이 없는 참 기독교이다. 그러나 우리에게는 감히 우리의 입장을 밝힐 자격이 없다. 십자가는 모든 인간의 의견보다 높은 곳에 있으며, 모든 의견은 결국 이 십자가의 심판을 받아야 한다.

세속적인 지도자는 성소 안에서도 향락에 미친 성도 노릇을 하는 사람을 즐겁게 하기 위해 십자가로 장식할 것이다. 그러나 명심하라. 이는 영적인 재난을 자초하는 일이다. 곧 어린양의 분노가 사자와 같이 변할 것이다.

우리는 입장을 분명히 해야 한다. 십자가를 피하든지 아니면 그 위에서 죽어야 한다. 만일 십자가를 무모하게 피한다면, 우리는 조상들의 신앙을 집어던지고 기독교를 다른 형태로 변질시키고 말 것이다. 그다음 공허한 구원에 버려질 것이고, 진정한 십자가를 떠나는 동시에 능력도 우리에게서 떠나고 말 것이다.

예수님이 하셨듯이 행하자. 우리 앞에 있는 더 큰 기쁨을 위해 십자가의 수치를 참고 견디자. 그러면 우리 삶의 모든 방식이 바뀌고, 영원한 생명의 능력 안에서 다시 세워질 것이다.

나아가 십자가는 아름다운 시(詩) 이상이요, 감미로운 찬송가 이상이며, 유쾌한 감정 이상이라는 진리를 깨달을 것이다. 십자가는 우리 삶을 찔러 쪼개어 심한 상처를 내서 애써 쌓아 올린 명성을 조금도 남겨 두지 않을 것이다. 우리를 넘어뜨려 육체적 삶에 종지부를 찍게 할 것이다. 그때에야 비로소 전적으로 새롭고 자유로우며 선행으로 가득한, 충만한 삶을 살게 된다.

십자가를 보는 현대의 시각이 변질되었다는 현실이, 하나님이 변하셨다거나 우리가 십자가를 져야 한다는 사실을 그리스도께서 완화시켜 주셨다는 뜻은 아니다. 오히려 지금의 기독교가 신약성경의 표준에서 이탈했다는 의미일 뿐이다. 우리는 이렇게 참으로 멀리 떠나 있다. 우리의 신학과 교회 생활 속에서 십자가의 위치를 바르게 회복하는 일은 새로운 개혁이나 다름없을 것이다.

18

살고자 하면
죽어야 한다

"내가 죽지 않도록 나를 죽게 하소서. 나로 하여금 당신의 얼굴만 보게 하소서." 이것이 아우구스티누스의 기도였다.

"내게서 당신의 얼굴을 숨기지 마소서. 오, 그리하시면 내가 당신 안에서 쉼을 얻을 것입니다. 오, 당신이 나의 마음에 들어오셔서 취하게 하시면 나는 내 병을 잊고 오직 나의 유일한 선이신 당신을 포옹할 것입니다."

이 죽고자 하는 갈망, 곧 하나님의 사랑스러운 얼굴을 보도록 우리의 탁한 자아를 치워 버리려는 갈망은, 하나님을 사모하는 마음으로 갈급한 신자라면 바로 이해할 수 있다. 죽지 않기 위해 죽으려는 것! 여기에는 어떤 모순도 없다. 왜냐하면 우리 앞에는 두 가지 죽음이 있는데 추구해야 할 죽음과 있는 힘을 다해 피해야 할 죽음이 있기 때문이다.

아우구스티누스에게 있어서, 내면에서 누리는 하나님의 임재야말로 참된 생명이었고, 그보다 덜한 것은 모두 죽음이었다. 하나님의 임재를 깨닫지 못하고 본성의 그림자 아래 완전히 숨어 사는 일은 도저히 견딜 수 없다. 하나님의 얼굴을 가리는 것이 무엇이든, 자존심이든, 사랑하는 자아이든, 가장 소중히 여기는 보물이든 모두 제거해 버려야 한다.

그래서 그는 "나를 죽게 하소서"라고 기도한 것이다. 그 위대한 성도의 담대한 기도를 은혜가 넘치는 하나님이 듣고 응답하셨다. 그의 바람대로 아우구스티누스는 바울이 증거한 그런 죽음을 맞았다. "내가 그리스도와 함께 십자가에 못 박혔나니 그런즉 이제는 내가 사는 것이 아니요 오직 내 안에 그리스도께서 사시는 것이라"(갈 2:20).

그의 생애와 사역은 계속되었지만, 그의 존재는 신기할 정도로 투명해졌다. 그 자신의 인격은 거의 보이지 않았는데, 오직 그리스도의 빛만이 치유의 광채로 비췄다. 사람들은 자기 자신을 부인하려면 사회를 등져야 한다고 생각해서 모든 자연적인 인간 관계를 끊고 금식과 고행을 행하며, 육체를 극복하기 위해 광야나 산이나 수도원으로 들어간다. 그들의 동기는 선할지 모르나 그런 방법은 결코 바람직하지 않다. 옛 아담의 본성이 그런 방법으로 정복될 수 있다는 믿음은 비성경적이기 때문이다. 그 본성은 너무나 강해서, 몸을 학대하거나 감정을 굶주리게 하는 것으로는 죽지 않는다. 오직 십자가 앞에서만 굴복한다.

모든 그리스도인의 마음속에는 하나의 십자가와 하나의 왕좌가 놓여 있다. 모두 자기 왕좌에 앉아 있다가, 자신을 십자가 위에 올려놓을 그때에야 비로소 거기서 내려온다. 그러나 십자가를 거부한다면, 계속해서 자기 왕좌에 남는다. 오늘날 복음을 믿는 사람 가운데 배교와 세속성이 만연한 가장 근본적인 이유가 바로 이것일 것이다.

우리는 구원받기를 원하지만 그리스도께서 모든 죽음을 대신 지시길 원한다. 우리는 자기 십자가를 원하지 않는다. 왕좌에서 내려오기를, 죽기를 거부한다. 우리는 인간 영혼의 작은 왕국 안에서 여전히 왕으로 남아, 가짜 금박 왕관을 쓰고 로마 황제처럼 거만하게 군다. 그러나 그 결과 우리는 자신을 그림자와 나약함, 영적 메마름으로 이끌 뿐이다.

우리가 죽지 않으려 한다면 반드시 죽을 것이다. 그 죽음은 성도가 귀중히 여겨 오던 영원한 보화를 상실한다는 뜻이다. 십자가에 못 박히지 않은 우리의 육신은, 마음의 순결, 그리스도와 같은 인격, 영적 통찰력과 열매 맺는 삶을 빼앗아 갈 것이다. 뿐만 아니라 세상의 빛이요 천국의 완성이 되시는 하나님의 얼굴을 우리가 보지 못하도록 숨길 것이다.

19

그리스도께서는
우리 마음을 위해 죽으셨다

인간의 마음은 동정과 애정을 가지고 살아간다. 모든 사람의 행위를 시험하는 날, 우리가 겉으로 보인 모습은 전혀 중요하지 않을 것이다. 오직 무엇을 사랑했으며 누구를 사랑했는지가 거론될 것이다. 그러기에 우리는 내면 생활의 상태를 신중히 살펴야 한다.

오늘날 종교 지도자는 인간의 도덕적인 동정심이 가지는 중요성을 충분히 다루지 않는다. 우리는 지금 개인의 경험을 희생시키며 객관적 진리를 부당하게 강조하는 기나긴 빙하 시대를 겨우 벗어나고 있다. 복음주의 교회 안의 온도는 확실히 차갑다. 성경에 기록된 성도들과 하나님을 뜨겁게 사랑하던 사람들의 헌신적인 사역과 영감 넘치는 찬송들은 그들이 세상을 떠난 지 오래된 지금도 거룩한 향기로 남아 있다. 그런데 우리는 그들을 시금석으로 생각하는 대신, 우리 서로가 표준이 되어 우리의 영적 생활을 판단하는 큰 잘못을 범하고 있다.

어쩌다 이처럼 중대한 잘못을 저지르게 되었을까? 종교적 감정을 떠나 객관적 진리로 향하려 했던 운동은 실로 광신을 피하기 위해서였다. 반 세기 전 성경을 사랑하는 그리스도인들은 '가장 고상한 영적 체험'을 주장한 일부 사람들이 보인 '육적인 과장'에 거부감을 느꼈다. 거짓 불을 피하려던 것이 영적인 냉동 상태로 달아난 결과를 낳았다. 그때부터 성경 교사들은 종교적 감정의 중요성을 인정하기 두려워했다.

텍스트 자체가 정통성의 기준이 되었고 가장 영향력 있는 복음주의 학파인 근본주의는 문자주의로 가게 되었다. 이로 인해 진리는 교리적으로만 해석하기에 이르렀고 내적인 삶은 완전히 방치되었다. 객관주의가 승리를 거둔 것이다. 인간의 마음은 추운 지하실에 움츠리고 숨어서 모습을 드러내기 부끄러워했다.

그 결과 기독교 예배의 질이 낮아지고, 종교적 오락이 정신적 쾌락의 원천으로 자리잡았다. 현명한 지도자라면 인간의 마음은 텅 빈 채로 존재할 수 없음을 알아야 한다. 만일 사람의 마음속에 기쁨이 없다면 다른 데서 기쁨을 구할 것이다. 만일 사람에게 성령으로 취하기를 금한다면 즐거움을 찾기 위해 육체의 술을 구할 것이다. 이것이 바로 근본주의 기독교가 과거 25년 동안 해 온 일이다.

하나님의 사람들이 기쁨 없이 메마른 마음에서 한 방울의 즙을 짜내려고 세상 오락으로 향했다. 우리의 선생들이 하나님 안에서 기뻐해야 할 우리의 권리를 빼앗았기에, 인간의 마음은 복음주의 교회가 회복할 수 없이 육욕적으로 제멋대로 즐기면서 원한을 풀었다.

오늘날 신앙을 고백한 수많은 그리스도인은 성령님을 필요로 하지 않는다. 그들은 마음을 기쁘게 하고자 다른 불에 손을 쬐며 따듯하게 하는 법을 배웠다. 그리고 많은 출판업자와 여러 수준의 '프로듀서'가 그들의 영적 태만 덕에 부유해졌다.

이제는 거룩한 기쁨에 대한 인간의 능력이 두려움과 잘못된 가르침의 희생물이 되어서는 안 된다. 그리스도께서는 우리의 마음을 위해 죽으셨다. 그리고 성령님은 우리 마음을 만족시키기 원하신다.

이삭을 본받아, 원수들이 메운 조상들의 우물을 다시 파도록 하자. 거기에는 시원하고 달고 만족케 하는 물이 있다. 순전한 마음이 닿는 곳에서 다시금 물이 솟아날 것이다. 누가 이 우물을 파기 시작하겠는가?

20

그리스도의 승리에
참여하라

기독교가 다른 모든 종교보다 탁월한 이유는, 행동하며 공감하고 모든 것을 유지하고 공급하는 인격적인 존재가 계시기 때문이다. 물론 그분은 예수 그리스도이시다.

우리도 그렇게 말한다. 맞는 말이다. 그러나 나는 이 신앙을 생활 속에서 실제적인 능력으로 만드는 것이 얼마나 어려운지 경험하고는 한다. 내 주변의 동료 복음주의자도 대부분 마찬가지다. 세계를 강타할 만한 이 놀라운 진리는 이보다 덜 중요한 많은 진리의 그늘 아래서 그 힘을 잃고 있다. 우리가 세상과 육체와 마귀와 더불어 싸우고 있지만 대개 패배하면서 이 진리는 잊혀져 간다.

초대 교인의 가장 독특한 점은 인격적인 주와 친밀한 관계를 맺었다는 사실이다. 그들은 그분을 '주님'이라고 친근하게 불렀다. 이 말을 사용할 때 그들은 신약성경이 의도한 의미 그대로 사용했다. 즉 얼마 전까지 그들과 함께 계시다가 그들의 대제사장과 중보자로서 하늘로 올라가신 예수 그리스도를 뜻했다.

승리자, 바로 그분이 그들의 삶에 힘과 활기를 주고 그들의 증거에 확신을 주었다. 그들은 사람 가운데 진정한 사람으로서 사셨던 그분을 기쁘게 증거했다. 그들의 증거는 형이상학적인 사상으로 힘을 잃지 않았다. 그들은 예수님을 참 사람이요 참 하나님이며 죽었다가 다시 살아나사 승천하신 분으로 알았다. 그들은 하늘과 땅과 지옥의 모든 것을 다스릴 권세를 지니셨다는 예수님의 주장을 있는 그대로 받아들였다. 그래서 아무런 의문을 품지 않았다. 그들은 주님을 전적으로 신뢰했고 작은 일 하나라도 승리의 주님께 맡겼다.

초대 교인의 증거에서 주목할 만한 또 하나의 특징이 있다. 그들은 세상을 회복하여 그것을 다시 하나님의 통치하에 두려는 그분의 원대한 계획에 있어 예수님이 주님이요 원동력이시라고 주장했다. 그들은 그리스도께서 현재 그분의 몸 된 교회의 주권적 머리이실 뿐 아니라, 그분이 이 세상과 다음 세상까지 통치하실 거라고 전파했다. 그들은 예수님을 결코 단순한 구원자로만 제시하지 않았다.

또한 결코 '마음의 평화'나 '영혼의 평화'를 얻기 위해 사람들을 초청하지 않았다. 그들은 용서와 기쁨과 행복을 금하지 않았지만, 이 모든 은혜를 한 분 인격적인 주께 돌리고, 이분이 이 세상이나 오는 세상에서 가장 잘 알려져야 하고 기뻐해야 할 최종적이며 최고의 총화라고 전파했다. "한 분이신 주께서 모든 사람의 주가 되사 그를 부르는 모든 사람에게 부요하시도다"(롬 10:12)라고 그들은 말했다. 주님을 구하는 자는 그분을 승리의 주로, 즉 그들의 영혼을 사랑하는 겸허한 분이실 뿐 아니라 모든 의문과 문제를 다스리시는 주님으로 소유하게 될 것이다.

오늘날 우리의 견해도 이와 같지만, 강조점은 다르다. 수많은 사람의 마음에는 겸손하고 낮은 예수가 높고 거룩한 주를 대신하고 있다. 우리의 증거 속에는 살아 움직이는 승리가 없다. 그러나 슬퍼서 눈물 흘리는 예수는 우리가 슬픔과 시험 중에 있을 때 조용한 동정을 보내지만 우리의 고통을 손 놓고 바라보기만 하는 존재이다. 우리는 가톨릭 성화 속 창백한 얼굴을 한 예수와 부활절 카드 속 예수를 바라본다. 우리는 그를 동정은 하지만 거의 신뢰하지 않는다.

벽에 걸린 십자가에 못 박힌 무기력한 그리스도와 천진난만한 표정으로 의미 없이 바라보는 그리스도도 다 마찬가지다. 가톨릭은 그를 도울 하늘의 여왕을 모셔옴으로써 그를 구한다. 그러나 우리 프로테스탄트에게는 돕는 자가 없다. 그래서 우리는 풀이 죽은 영혼에 활기를 불어넣기 위해 대중가요 형식의 노래를 부르고, 우리의 부족함을 불평하면 누군가가 대답하리라는 애처로운 희망을 품고 토론회를 연다.

우리에게 믿음과 지혜가 있었다면 이미 해답을 얻었을 것이다. 그 해답은 모든 것보다 뛰어나신 승리의 그리스도이시다. 그분은 원수가 미치지 못할 높은 곳에 영원히 사신다. 그분이 말씀하시기만 하면 이루어진다. 그분이 명령하시면 하늘과 땅은 그분께 복종한다. 그분은 큰 계획 속에서 타락한 세상의 사나운 불법자를 당분간 참아 주고 계시지만, 원하면 언제든지 그분의 손에 세상을 쥐고 모든 나라를 심판하실 수 있다.

그렇다. 그리스도의 순례자여, 우리는 슬퍼하는 교회가 생각하는 것보다 훨씬 복되다. 우리는 그리스도의 승리에 동참하고 있다. 그분이 살아 계시니 우리도 살아 있다. 우리 주 예수 그리스도를 통해 우리에게 승리를 주시는 하나님께 감사하자.

Part 5

예배자의 삶

능력은 행동이 아니라 내면에서 나온다
다 알 수 없음을 인정하라
삶 전체가 기도가 되게 하라
주 되심 없이는 구주도 없다
직접 경험하라

21

능력은 행동이 아니라
내면에서 나온다

역사적으로 동양은 존재를 중요시하고 서양은 행동을 중요시한다. 동양 사람에게는 '우리의 존재가 무엇이냐'가, 서양 사람에게는 '우리가 무엇을 하느냐'가 언제나 중요해 보였다.

인간의 본성이 완전하다면 존재와 행위 사이에 아무런 모순이 없을 것이다. 타락 이전의 인간은 별생각 없이 단순히 마음이 시키는 대로 살았다. 그의 행동은 자기 내적 존재의 참된 표현이었다. 그러나 죄는 혼란을 몰고 왔고 생활은 뒤얽히고 곤란해졌다. 자연스런 조화로 함께 작용해야 할 우리의 내면이 전부 또는 부분적으로 분리되고, 서로 반대가 되기까지 했다. 그리하여 인격의 균형을 이루기가 극히 어려워졌다.

내면의 심각한 혼란으로부터 우리의 존재와 행위 사이에 대립이 생겼고, 우리는 존재 편이냐 아니면 행동 편이냐 하면서 한쪽에 속하게 되었다. 그리고 현대 문명사회는 거의 '행동'을 강조한다.

우리 그리스도인도 이 문제에서 예외일 수 없다. 우리는 하나님이 어디에 강조점을 두시는지 알아야 한다. 답을 알아내기란 어렵지 않다. 우리에게는 영적 가르침이 풍부한 성경이 있고, 그 성경을 영감시키고, 이를 해석하도록 조명하시는 성령님이 우리 안에 거하시기 때문이다.

진리를 알 수 있는 기회는 많다. 그러나 우리 대부분은 아직도 배우는 데 너무 느리다. 아무 의문도 품지 않은 채 수용하고, 왜 그런지 이유를 알지도 못하면서 맹종한다. 그래서 다수가 믿는 내용은 의심의 어지 없이 '옳다'고 믿어 버린다. 창작하기보다는 흉내 내기가 더 쉬우며, 질문하기보다는 묻지 않고 따르기가 훨씬 쉽기 때문이다.

이것이 바로 존재가 호소력을 잃고, 행동이 사람들의 주의를 끌게 된 이유이다. 현대 그리스도인은 균형을 잃었다. 그들은 내면의 활동에 대해 거의 알지 못한다. 그들은 내부가 텅 빈 채 외관만 갖춘 성전과 같다. 색채, 빛, 소리, 외형, 행동! 오, 이스라엘이여, 이것이 너의 신이구나.

영국의 부흥사 레너드 레이븐힐(Leonard Ravenhill)은 "오늘날 교회의 초점은 경건을 고무하는 것이 아니라 동요시키는 데 있다"라고 말했다. 복음주의 교회의 종교적 외향성이 극단까지 치달아 누구도 건전성을 의심할 용기조차 없다. 외형주의(extermalism)에 점령당한 것이다.

지금은 하나님의 세미한 소리를 더 이상 들을 수 없게 되었다. 모든 종교적 기계가 시끄러운 소리를 낸다. 요란한 경적과 우레 소리를 내는 배기 장치를 좋아하는 청춘의 취미가 현대 교인의 활동 속에 들어오게 되었다.

"인간의 목적이 무엇인가?"라는 옛 질문에 이제는 "세상을 질주하며 소음을 더하는 것입니다"라고 답한다. 그리고 이 모두가 길에서 다투지도 않고 야단스럽게 외치지도 않았던 그분의 이름으로 행해지고 있다(참조. 마 12:18-21).

우리는 영적 외형주의에 도전해 필요한 개혁을 시작해야 한다. 사람이 무엇을 하느냐보다 사람이 무엇이냐가 더 중요하다는 사실이 다시 증명되어야 한다. 모든 행동의 질은 마음의 상태에 달렸다. 그러나 오늘날에는 내면에서 솟아나지 않은, 만족이 전혀 없는 종교 활동이 존재한다. 그런 행위는 거의 실체가 없는 종교적 반사 작용으로, 건전한 내적 생명이 없는, 소란한 종교에서 비롯된 모방적 신앙에 불과하다.

교회마다 "이 비밀은 너희 안에 계신 그리스도시니 곧 영광의 소망이니라"(골 1:27)라는 메시지가 회복되어야 한다. 우리는 불안하고 초조한 세대의 그리스도인에게 능력은 마음에 있다는 사실을 보여 주어야 한다.

속도와 소음은 능력이 아닌 약함의 표시이다. 영원은 고요하고, 시간은 시끄럽다. 우리가 시간에 열중하는 것은 근본적으로 신앙이 결핍되어 있다는 슬픈 증거다. 극적인 행동을 하기를 원하는 것은 종교적으로 바르게 성장하지 못했다는 증거이다. 이는 유치원에서 흔히 볼 수 있는 자기 과시일 뿐이다.

22

다 알 수 없음을
인정하라

 진리의 경계선이 너무나도 섬세하게 그어져 있고, 지혜의 저울이 너무도 정교하게 균형을 이루고 있기에, 연약한 마음을 가진 그리스도인이 때로 하나님 말씀에 어리둥절해하고 실망하는 것은 조금도 이상한 일이 아니다. 오랫동안 성경을 읽고 익숙해지기 전에는 말씀이 서로 모순되는 것처럼 보일 수 있다. 여러 역본을 대조하고, 원어 성경을 읽고, 모든 사전을 참고한다 할지라도 여전히 모순을 발견하게 된다. 이것이 우리가 알 수 있는 전부이고 피할 도리는 없다. 그렇다면 어떻게 해야 하는가?

 선택할 수 있는 방법이 몇 가지 있다. 예를 들면 실망하여 읽기를 중단하고 성경은 결코 이해할 수 없으며 알려는 시도도 무용한 짓이라고 단정하는 것이다. 아니면 위험한 생각에 빠질 때까지 모순되는 성구와 고군분투하는 것은 어떤가? 그도 아니면 최악의 경우, 모든 성경 난제를 몇 번의 검색으로 거의 완벽하게 해결할 수 있다는 어떤 합리주의자와 의논하는 것이다.

마지막 경우는 분명히 신학과 신앙에 매우 치명적이다. 이런 주석가의 태도는 완전히 잘못되어 있는데, 그들은 제자를 잘못 인도할 수밖에 없다. 이들은 키케로가 "무엇이든 회의하기를 전혀 두려워하지 않는 사람"이라고 말한 부류에 속한다. 그들은 하늘과 땅에 있는 모든 것이 설명 가능하다는 그릇된 가정에서 시작한다. 이보다 더 빤한 거짓말은 없다.

이해하려는 시도보다 훨씬 더 좋은 태도는 무지를 인정하고, 하나님의 때에 빛으로 나타나실 그분을 겸손히 잠잠히 기다리는 것이다. 우주에는 우리가 결코 알 수 없는 일이 많다는 이 진리를 겸허히 인정하는 편이 우리에게 훨씬 더 낫다. 하나님은 완전히 아시지만, 우리는 가장 현명한 사람일지라도 하나님의 창조의 전능한 틀 안에 있는 우주를 거의 이해할 수 없다. 이 사실을 인정하고 우리의 위치를 찾아야 한다. "온유한 자를 정의로 지도하심이여 온유한 자에게 그의 도를 가르치시리로다"(시 25:9).

하나님에 관한 개념을 인간의 이해 수준으로 (본의 아니게) 떨어뜨린 사람에게는, 성경 안에 인간의 지성을 뛰어넘는 많은 것이 있고, 삼위일체 하나님 안에는 그보다 더 많은 신비가 있다는 사실을 인정하기 두려울 수 있다. 그러나 무릎을 꿇고 잠시 그리스도의 얼굴을 바라본다면 그분이 우리에게 겸손을 가르쳐 주실 것이다. 이 겸손의 치유력은 하나님의 택함받은 사람들이 이미 잘 안다.

콜리지(Coleridge)는 지금까지 사람의 입술로 묘사한 말 가운데 가장 심오한 말은, 마른 뼈가 있는 골짜기에서 여호와께서 선지자 에스겔에게 이 뼈들이 살아나겠느냐고 물으셨을 때 "오, 주 여호와여 주께서 아시나이다"라고 자연스럽게 외친 말이라고 했다. 만일 에스겔이 '예'나 '아니오'라고 대답했다면, 그는 자기 앞에 펼쳐진 장엄한 신비에 대해 마음을 닫고 말았을 것이며, 지극히 높은 하나님의 임재의 경이로운 즐거움을 맛보지 못했을 것이다. 지고한 신비 앞에 만족 속에서 침묵하며 "오, 주 여호와여 주께서 아시나이다!"라고 속삭이는 일은 특별한 은혜이다.

냉소하는 불신자에게 모든 것을 다 설명하려는 교회의 서글픈 시도는 그 의도와 정반대 결과를 가져왔다. 이러한 시도는 예배를 지적인 수준으로 떨어뜨리고, 신앙의 경이를 느끼는 자들 안에 합리주의 정신을 불어넣는다.

누구든지 자신의 무지함을 인정하기를 부끄러워해서는 안 된다. 특히 그리스도인은 영적인 영역에 있어서 이러한 고백을 하기를 두려워해서는 안 된다. 실로 십자가의 능력은 사람의 지혜에 있지 않고 하나님의 지혜에 있다. 우리가 영적인 영역을 낱낱이 설명하려 한다면 우리 능력으로 하나님의 모든 것을 파괴하게 될 것이다.

이 문제에서 그리스도인은 결코 수세에 몰린 쪽이 아니다. 세상 지혜를 가진 자들이 우리에게 우리 믿음을 설명하라고 한다면, 그들은 도리어 우리에게 그들을 물리칠 칼을 쥐여 주는 셈이다. 그들에게 이 세상을 설명해 보라고 되묻기만 해보라. 그들이 얼마나 쉽게 혼란에 빠지는지 보게 될 것이다.

언젠가 예수님은 "내가 땅의 일을 말하여도 너희가 믿지 아니하거든 하물며 하늘의 일을 말하면 어떻게 믿겠느냐"(요 3:12)라고 하셨다. 그런데 우리 혹은 그들이 억지로 설명하려 한다면 피차에 모양새가 졸렬해질 것이다. 원자에서부터 사람의 영혼에 이르기까지 우리 주변에는 신비가 가득하다. 그러므로 우리는 오직 고개를 숙이고 "오, 주 여호와여 주께서 아시나이다"라고 말할 뿐이다.

다윗은 한밤에 푸른 풀밭에 누워 달과 별들의 신비와 모든 존재 가운데 보잘것없는 인간을 곰곰이 생각하며 자기를 천사보다 조금 못하게 만드신 하나님을 경배했다. 아주 교만한 자세로 천체의 비중을 측정하고 그 크기를 헤아리는 천문학자보다 다윗이 훨씬 진실한 인간일지 모른다.

그러나 천문학자도 실망할 필요가 없다. 만일 그가 자신을 낮추고 자신의 깊은 내적 필요를 고백한다면, 다윗의 하나님은 그에게 경배하는 법을 가르쳐 주실 것이다. 그렇게 그를 지금까지보다 더 위대한 사람이 되게 하실 것이다.

23

삶 전체가
기도가 되게 하라

    가장 좋은 기도는 삶 전체로 드리는 기도이다. 물론 모범적인 신앙 생활을 하지 않았는데도 가끔 하는 기도에 응답받는 경우가 있기도 하다. 그러나 확신하건대 이 책을 읽는 사람들 대부분은 가끔 하는 기도로 만족하지 못할 것이다. 우리는 더 만족스러운 기도 생활을 알기 원하며, 몸과 미음을 순결하게 하고 전 인격과 영을 하나 되게 하는 기도 생활을 바란다. 이러한 기도는 오직 성령 안에서 살 때 가능하다.

    다른 모든 것도 마찬가지겠지만 우리 기도의 능력은 우리 삶에 달려 있다. 우리는 사는 내내 기도를 해야 한다. 불을 피하는 것과 같이 위급한 비상시에만 기도해서는 곤란하다. 이런 기도는 다만 재난이 두려워 이를 피하려는 방편일 뿐이다. 이러한 기도는 기도자의 평소 생활을 담아 내지 못한다. 그저 신앙이 어린 자의 특별하고 보기 드문 행동일 뿐이다.

윌리엄 로(William Law)는 그리스도인은 기도와 부합하게 살아야 한다고 호소했다. 어떤 찬송가는 "우리의 기도에 더 가깝게 살게 하여 주소서"라고 하나님께 도움을 구했다. 시련 중에도 기도가 자연스러운 생활이 되기를 바란다. 하지만 유감스럽게도 기도는 숨쉬듯 쉽고 자연스럽지 않을 때가 많다.

긴급한 위기에 직면해 올리는 기도가 무조건 좋지 않다는 뜻은 아니다. 틀림없이 하나님은 우리를 고난 중에 도우시는 분이다. 그러나 훈련된 그리스도인 누구도 전 생애를 위험 속에서 살고 싶지 않을 것이다. 하나님께 가까이 가면 갈수록, 모든 생각과 행동이 기도가 되고, 삶 전체가 하나의 거룩한 찬양과 예배가 되는 지속적인 교제의 삶이 얼마나 탁월한지 알기 원할 것이다.

기도를 효과적으로 하려면 생활에 복 되지 않은 곳이 없어야 하고, 마음과 영혼에 성령님이 거하시지 못할 곳이 없어야 한다. 또한 우리 안에 불순한 욕망을 허락해서도 안 되며, 기도와 행동이 일치해야 한다.

이 모두가 해 아래 있는 인간이 도달하기에는 너무 높은 기준처럼 보일 수 있다. 그러나 그렇지 않다. 그리스도께서는 구주이시며 자기 백성을 죄의 속박에서 구원하신다. 이는 '죄 없는 완전함'이라는 사람이 만든 교리를 지지하기보다는, 오히려 "성령을 따라 행하면 육체의 소욕을 이루지 아니하리라"(갈 5:16)라는 하나님의 영감으로 된 교리를 지지하는 것이다.

다시 말해 하나님은 그리스도의 십자가를 통해, 죄의 멍에에서 자기 자녀가 구원받도록 준비하셨다. "이와 같이 너희도 너희 자신을 죄에 대하여는 죽은 자요 그리스도 예수 안에서 하나님께 대하여는 살아 있는 자로 여길지어다"(롬 6:11).

의심할 여지없이 예수 그리스도의 구속은, 우리의 전 생애가 기도가 되어 순결과 사랑이 넘치는 삶을 살게 하기에 충분한 능력을 가지고 있다. 삶 전체에서 우러나오는 개인의 기도에는, 무관심한 자나 세속적인 그리스도인에게는 알려지지 않은 놀라운 능력이 따른다.

24

주 되심 없이는
구주도 없다

우리 인간은 혼란을 일으키는 데 일가견이 있다. 인간은 거짓이 분명하게 드러나기 전까지는 거의 천재적으로 진리를 왜곡한다. 한편으로는 지나치게 강조함으로써, 다른 한편으로는 충분히 강조하지 않음으로써 진리가 완전히 탈바꿈해 거짓된 견해가 되고 만다.

수년 전 널리 퍼졌다가 폐기된, 그리스도를 분리시켜 생각하는 불명예스런 교리가 아직도 많은 종교 단체에서 받아들여지고 있다는 이야기를 들었다. 말하자면 이런 식이다. 그리스도께서는 구주이신 동시에 우리가 따라야 할 주님이신데, 죄인이 그분을 주님으로 받아들이지 않고 구주로만 영접하면 구원을 얻을 수 있다는 가르침이다. 이를 들은 청중이 그대로 받아들이자 이 교리는 자리를 잡기 시작했다. 덕분에 이제는 신자들이 그리스도를 주(Lord)로 영접하여 승리하는 삶을 살아야 한다는 눈물겨운 호소를 듣고 있다.

더 깊은 삶으로 들어가라는 가르침 대부분이 이런 오류 위에 세워져 있다. 게다가 이 교리는 진리의 씨앗을 포함하고 있기에 사람들이 그 건전성을 의심하지 않는다. 이 개념은 지극히 쉽고 대중적이어서 설교자나 청중에게 더 이상 따질 필요가 없는 기성품처럼 당연해졌다. 이런 이단적인 요소가 있는 설교가 자유롭게 전파되고 서적이 출간되며 노래가 작곡되어 나온다. 그러나 말한 바와 같이 그 밑바탕에 힘없이 깔려 있는 진리의 연약한 씨 외에는 모두가 거짓이다. 이런 내용을 가르치는 선생이 죄인에게 구원을 주는 신앙의 참된 대상은 그리스도의 '구주 되심'이나 '주 되심'이 아니라, 바로 '그리스도 그분 자체'라는 사실을 깨닫지 못했다니 참 이상하다.

믿는 자에게 구원을 베푸는 것은 그리스도께서 행하신 일 가운데 하나가 아니다. 그리고 하나님은 그리스도께서 하신 사역 자체를 신앙의 대상으로 주시지 않았다. 속죄나 십자가, 그리스도의 제사장직이 우리 믿음의 대상이 아니다. 이 모두는 그리스도의 인격에 구체화되어 있으며, 결코 분리될 수 없고, 어느 하나라도 다른 것과 따로 떨어질 수 없다. 우리는 그리스도께서 하신 일 가운데 어떤 것은 용납하고 다른 것은 거부할 수 없다. 예수 그리스도를 믿는다는 것은 이 모두를 이루신 그분 자체를 받아들이는 것이다.

그리스도를 분리시켜서 생각하는 이 개념은 현대의 이단이다. 다른 모든 이단이 그러하듯이 이것도 교인 사이에 들어가 악한 결과를 낳았다. 이론이 바르지 못하면 삶에서도 실패하기 마련이다.

도움을 구하러 그리스도께 왔으나 그분께 순종하려는 의향이 없는 사람이 과연 구원을 받을 수 있을지 의심스럽다. 그리스도의 구주 되심은 그분의 주님 되심과 영원히 연합되어 있다. "네가 만일 네 입으로 예수를 주로 시인하며 또 하나님께서 그를 죽은 자 가운데서 살리신 것을 네 마음에 믿으면 구원을 받으리라 … 한 분이신 주께서 모든 사람의 주가 되사 그를 부르는 모든 사람에게 부요하시도다 누구든지 주의 이름을 부르는 자는 구원을 받으리라"(롬 10:9–13).

여기서 주님이 구원을 위한 신앙의 대상이시다. 빌립보의 간수가 어떻게 해야 구원받을 수 있는지 물었을 때 바울은 "주 예수를 믿으라 그리하면 너와 네 집이 구원을 받으리라"(행 16:31)고 했다. 바울은 그에게 그리스도의 주님 되심(lordship)은 나중에 받아들여도 되니 우선 구주(Saviour)를 머리로 믿으라고 말하지 않았다. 바울은 직임을 기준으로 주님을 나누어 생각하지 않았다.

그렇다고 열심 있는 신자는 그리스도께서 행하신 사역 하나하나를 계속 탐구하지 않아도 된다는 말이 아니다. 또한 그리스도와 처음 관계를 맺을 때 그분에 관한 모든 것을 완전히 알게 된다는 말도 아니다. 진리는 이와 정반대이다. 그리스도께서 베푸신 은혜의 모든 부요하심을 경험하려면 아무리 긴 세월이 주어진다 해도 결코 충분하지 못할 것이다.

주님을 부르는 호칭에서 새로운 의미를 발견하여 이를 자신의 것으로 삼는다면, 주님을 더욱더 깊이 알게 되고 그분이 행하는 다양한 사역과 그분의 보좌 위에서 그분이 보이신 그분의 수많은 사랑에 더욱더 감사하게 될 것이다. 그러나 그리스도의 '주님 되심'은 거부하면서 그리스도의 '구주 되심'은 믿을 수 있다고 가르치는 교리로 인해 이 풍성함이 왜곡되고 무기력해졌다.

25

직접 경험하라

"감미로운 악기의 연주 소리를 직접 듣는 것과 단순히 그런 연주가 있다는 말을 전해 듣는 것은 완전히 다르다." 헨리 수소(Henry Suso)는 말했다. 마찬가지로 진리를 진실로 아는 것은 단순히 진리에 관해 듣는 것과 아주 다르다.

나는 누군가의 종교적 체험이 진실한지 의심하고 싶지 않다. 오히려 피상적이고 가식으로 넘쳐나는 오늘날에 아직도 우리 가운데 진정한 경건이 남아 있어 이를 조금이라도 나눈다면 기쁠 따름이다. 그러나 복음주의 교회의 상황을 살펴보면, 신앙을 고백하는 신자 대다수가 자신이 직접 그 악기의 소리를 들어 보지 못했다. 그들이 아는 구원의 진리는 단지 소문으로만 들은 것이다. 그들은 신비로운 하나님의 말씀을 마음의 귀로 직접 듣지 못했다.

소위 성령 충만한 삶의 교리를 당연시하는 교단에서도 내적인 확신이 결핍되어 있다. 이상한 일이다. '더 깊은' 진리를 유창하게 말하는 설교자가 직접 경험한 것이 아닌, 단지 듣기만 한 것을 말한다. 그러나 교리의 능력에 따르는 기쁨 없이 더 깊은 삶에 대해 가르치는 일은 유익하기보다는 해를 끼치기 쉽다.

성경 학교는 성령 충만한 삶에 대한 이론만 알고 살아낼 줄 모르는 청년들을 해마다 졸업시킨다. 이렇게 성령님의 능력을 실제로 알지 못하고, 내적인 생명에 관해 개인적으로 아무것도 모르는 그리스도인 세대를 기르고 있다. 아마 그다음 세대는 이론까지도 잃어버릴 것이다. 실제로 몇몇 교단이 과거 몇 년간 그러한 길을 걸었다.

악기 연주를 실제로 들으며 감상해 본 사람의 입에서 나오는 한마디 말이, 그 연주에 대해 단순히 전해 들은 사람이 하는 많은 말보다 더 효과가 있다. 설교도 그렇다. 아는 것이 언제나 풍문으로 듣는 것보다 낫다.

Part 6

중심

동기가 무엇인가
프로그램보다 하나님의 임재가 중요하다
가장 비참한 낭비를 초래하지 말라
영혼을 방치하면 황폐해진다
먼저 거룩한 사람이 되라

26

동기가
무엇인가

모든 행동은 그 동기를 보고 판단해야 한다. 물이 수원지보다 더 높이 솟을 수 없듯, 행동이 아무리 좋다 한들 그 일을 하게 한 동기에서 벗어날 수 없다. 그러므로 악한 동기에서 나오는 행동은 겉으로 어떤 선이 나타난다고 할지라도 결코 선할 수 없다. 분노와 악의에서 비롯된 모든 행동은 결국 하나님 나라와 반대되며 원수를 위해 행한 것이다.

불행하게도 신앙 생활이 이러한 성격을 띠고 있다면, 많은 일들이 선하지 못한 분노, 질투, 야망, 허영, 탐욕으로 행해지고 있다면, 이 모든 활동은 근본적으로 악하며 심판 때에 악하다고 판정될 것이다.

다른 많은 문제와 마찬가지로 동기에 있어서도 바리새인이 좋은 예가 된다. 그들이 세계에서 가장 비참한 신앙의 실패자가 된 이유는 교리적 오류나 부주의, 미지근한 행동, 방탕한 생활이라는 외적인 요소 때문이 아니었다. 그들의 모든 문제는 그들의 신앙의 동기에 있었다.

그들은 기도했으나, 다른 사람을 의식하며 기도했다. 이런 동기는 그들의 기도를 망쳤고, 그들의 기도를 쓸모없게 했을 뿐 아니라, 심지어 악하게 만들었다. 그들이 성전 봉사를 많이 한 이유는 종종 그들이 부모에 대한 의무를 피하기 위해서였다. 그들은 다른 사람의 죄를 판단했고 그 죄를 반대하는 입장에 섰다. 그러나 이러한 행동이 스스로를 의롭게 여기는 완악한 마음에서 나왔다.

바리새인의 활동은 겉으로는 거룩하게 보였는데, 그들이 순수한 동기에서 행했다면 선하다고 칭찬할 만했을 것이다. 그러나 그들의 동기에는 문제가 있었다. 이것은 작은 문제가 아니다. 그 결과에서 이 사실을 알 수 있다. 저 정통파와 모양 좋은 종교가들이 자기 죄의 흉악함을 깨닫지 못한 채 영광의 주를 십자가에 못 박기에 이르렀다.

저열한 동기에서 행해진 종교적 행위는 두 배로 악하다. 그 자체로 악할 뿐 아니라, 하나님의 이름으로 행해지기에 더 악하다. 무죄하신 하나님의 이름으로 죄를 범하는 것이다. 곧 거짓말을 할 수 없는 분의 이름으로 거짓말하고 사랑의 성품을 가지신 분의 이름으로 미워하는 것과 같다.

특히 활동적인 그리스도인은 따로 시간을 내서 자신의 동기가 확실한지 영혼을 살펴야 한다. 많은 찬양이 보여지기 위해 불리고, 많은 설교가 재능을 과시하기 위해 행해지고, 많은 교회가 다른 교회를 비난하기 위해 세워진다. 심지어 선교 활동까지도 경쟁적으로 하고 있어 그 바람에 영혼 구원은 육체를 만족시키기 위한 일종의 사업으로 전락했다. 이 사실을 잊지 말라. 바리새인들도 사람들을 회심시키기 위해 바다와 육지를 두루 돌아다녔다.

공허한 종교 활동의 올무를 피하는 가장 좋은 방법은 고린도전서 13장 말씀을 하나님 앞에서 자주 묵상하는 것이다. 이 말씀은 성경 말씀 중 가장 아름다운 본문이지만, 또한 가장 엄한 본문이기도 하다. 바울은 가장 종교적인 봉사라 해도 거기에 사랑의 동기가 없으면 아무 소용이 없다고 했다. 사랑이 없는 설교자, 교사, 전도사, 박애주의자, 순교자에게는 아무런 보상이 주어지지 않는다.

하나님은 행위보다 동기를 더 중요시하신다. 심판대 앞에서 우리 그리스도인이 몸으로 행한 행위를 설명해야 할 때 중요한 문제는 무엇을 했느냐가 아니라 왜 했느냐가 될 것이다.

27

프로그램보다
하나님의 임재가 중요하다

    나는 교회에서 '프로그램'이란 말을 들을 때 다소 우려가 생긴다. 물론 일반적인 예배 순서를 쉽게 표현하려는 의도인 것은 나도 잘 안다. 그러나 이런 예배 순서에 딱딱 맞아떨어지는 프로그램은 하나님께 공예배를 드릴 때 신약성경의 본을 따르기 원하는 소수에게 불안감을 가져다주기도 한다.

    신중하게 짜인 예배 프로그램을 신약성경과 비교하노라면, 알렉산더 포프(Alexander Pope)의 유명한 말이 생각난다. 그는 호머(Homer)의 『오딧세이』(*Odyssey*)를 읽고 "참 아름다운 시다. 그러나 호머가 아니다"라고 비평했다. 빠른 속도로 진행되며 자극적이고 재미있는 오늘날 예배는 노련한 프로그래밍의 아름다운 본

보기가 될 수 있다. 그러나 기독교 예배는 아니다.

둘은 본질상 거리가 멀다. 사람들이 한 공간에 모여 있다는 사실 외에는 판이하게 다르다. 정확히 말해, 이 두 집회는 주목하는 대상이 다르다.

성찬 예식이든 공예배든 부흥 집회든 기도회든 어떠한 집회든 간에 진정한 그리스도인은 언제나 그리스도께 초점을 둔다. "두세 사람이 내 이름으로 모인 곳에는 나도 그들 중에 있느니라"(마 18:20). 이 말씀은 우리 주님이 세우신 모든 기독교 집회의 표준이다.

오순절 후 신약성경에 나타난 모든 기독교 집회의 두드러진 특징은, 신자들이 오직 부활하신 주님께만 전념했다는 점이다. 최초의 교회 회의까지도(오늘날 '업무' 회의라고 불릴 만한) 굉장한 위엄과 깊은 경건의 분위기 속에서 진행되었다. 그들은 하나님과 그리스도와 성령님과 성경에 대해 의논하고 예수님의 이름을 위해 목숨 바친 사람들을 거룩히 구별했다. 그리고 교훈의 편지를 작성해 유다와 실라를 통해 이방 교회에 전했다.

물론 이러한 회의가 어떤 절차 없이 진행되었으리라고는 생각하지 않는다. 사람들은 토의하기 위해 모였다는 것을 알았다.

그러나 주목해야 할 중요한 사실은 그 모든 순서가 기독교 예배 분위기에서 진행되었다는 점이다. 그들은 더 위대하신 하나님의 임재의 영광으로 인해 프로그램은 안중에도 없었다.

이뿐 아니라 신약 시대의 전도 집회나 부흥회는 예배와 결코 분리되지 않았다. 사도행전은 전도와 선교 활동의 기록이다. 그러나 하나님의 임재는 언제나 거기에 있었고, 초대 교인들은 결코 한순간도 하나님의 임재를 잊지 않았다.

제자들은 대중의 이목을 끌기 위해 술수를 쓰지 않았다. 제자들은 언제나 성령님의 능력을 의지했다. 그들은 자신의 활동을 그리스도께 연결시켜 그분과 더불어 얻든지 잃든지 그것으로 만족했다.

그들은 프로그램을 먼저 계획해 놓고 예수님을 후원자처럼 이용하지 않았다. 그들에게는 그리스도가 전부였다. 이러한 힘 있는 사실은 그들의 행동뿐 아니라 내면까지 지배했다. 그들의 마음가짐, 품행, 기대는 예수님이 창조의 주님이요 교회의 머리요 우리의 대제사장이시라는 마음속 깊은 확신에서 솟아났다.

물론 순서 없이 기독교 예배를 드리기란 불가능하다. 질서 있는 예배를 위해서는 반드시 예배 순서가 필요하다. 당장 찬송 두장을 부른다고 했을 때 어느 찬송을 먼저 불러야 할지 누군가는 알아야 한다. 이 순서를 머리로만 알고 있든 종이에 써 놓았든, 우리가 아무리 그렇게 부르기 싫다 해도 결국 '프로그램'은 존재한다.

문제는 오늘날 프로그램이 하나님의 임재를 대신하는 현실이다. 영광의 주님보다는 프로그램이 우리의 주의를 끄는 중심이 되고 있다. 그래서 교회가 인기를 끌려면 흥미로운 프로그램을 제공해야 하는 것처럼 보인다. 다시 말해 대중의 즐거움을 위해 가장 훌륭하고 특색 있는 행사를 제공해야 하는 것 같다. 여기서 특색이란, 활동적이며 모든 사람이 계속 기대하도록 꾸며진 것을 말한다.

이런 프로그램이 악한 이유는 도처에 있는 교인과 교회에 영향을 끼치기 때문이다. 예수님이 산에서 우리에게 보여 주신 표준에 따라 정직하게 하나님께 예배하려는 사람들까지도 하나님의 임재를 프로그램으로 대치하고 있음을 깨닫지 못하고 있다. 그 결과 실제로 성숙한 그리스도인이 결코 되지 못한다. 신앙 생활의 시작부터 영적인 갈급이 줄어들고 영적 가치에 대한 감각이 무뎌진다.

해를 거듭할수록 사람들은, 주일마다 보고 듣는 프로그램이 전혀 기독교적이지 않다는 점을, 열성적이기는 하나 잘못 가르침을 받은 사람들이 들여온 이교(異敎) 개념이라는 사실을 전혀 모르게 된다.

만일 우리 각자가 예배를 드릴 때 복된 하나님의 임재를 구한다면 교회가 많은 유익을 얻을 것이다. 그리스도를 우리 헌신의 가장 중요하고 변치 않는 대상으로 삼는다면, 프로그램은 하나님께 드리는 공예배의 질서를 돕는 고상한 도구가 될 것이다.

아니면 프로그램은 결국 빛 되신 하나님을 완전히 가리고 말 것이다. 그리고 교회는 빛을 비출 수 없게 된다.

28

가장 비참한 낭비를
초래하지 말라

 여행하다 보면 하나님은 물질을 굉장히 낭비하는 분이 아닐까 하는 생각이 든다. 지구는 대부분 모래, 초원, 산, 호수, 바다, 바위, 언덕, 평야, 강, 사막으로 이루어져 있다. 인류가 사용할 수 있는 자원은 그 가운데 아주 조금밖에 되지 않는다. 우리 입장에서 보면 나머지는 완전히 낭비다.

 그러나 지구상에 하나님이 낭비하기를 원치 아니하시는 귀중한 보화가 있으니 바로 인간이라는 피조물이다. 이 피조물에 관해 낭비란 전혀 없다.

 성경은 하나님이 인간에게 얼마나 관심이 많으신지 강조한다. 성경은 하나님이 사람을 자기 형상과 모습을 따라 지으셨다고 기록한다. 단지 사람의 영혼이나 정신뿐만 아니라 사람의 전부를 말이다.

흔히 영혼을 전인(全人)에서 분리시켜 영혼만이 하나님께서 유일하게 관심을 두시는 영역이라고 강조한다. 그렇게 우리 자신의 관심사도 영혼에 두게 하려는 것 같다. 그러나 이는 극단적으로 제한된 관점이다. 바울은 "그리스도께서 나를 사랑하사 나를 위하여 자기 자신을 버리셨다"(참조. 갈 2:20)라고 했다. 그리스도의 죽음은 육체와 영혼 전부를 위한 것이지 영혼만을 위한 것이 아니다. 또 전체 인류를 위한 것이지 남자나 여자 어느 한 편만을 위한 것도 아니다.

나는 현대의 '영혼 구원'(soul winning)이라는 표현이 성경의 더 넓은 가르침의 빛 아래에서 재검토되어야 한다고 생각한다. 잠언은 "지혜로운 자는 영혼을 구한다"라고 말한다. 여기서 '영혼'은 단지 사람의 영혼만을 가리키지 않는다. 사람의 전체를 가리킨다.

성경에서도 '영혼'(soul)이 인간 전체를 뜻하는 경우가 흔하다. 아브라함은 가나안 땅으로 떠날 때, 자기 아내 사라와 조카 롯과 하란에서 얻은 사람들(the souls)을 이끌고 떠났다. 이들은 일일이 이름을 밝힐 필요가 없었던 사람들이 아닌가 싶다. 그러나 분명히 그들은 사람이었지 벌거벗은 영혼이 아니었다.

나는 이런 말을 하나하나 살펴보며 문제를 야기하려는 게 아니다. 그러나 수많은 그리스도인이 '영혼 구원'이란 용어의 폭넓은 의미를 이해하면서도, 그 표현에 있어서는 '영혼'이라는 말을 너무 강조한 나머지 잘못 생각하기 쉽다. 만일 진리를 건전하게 파악하려면 의미론적으로나 신학적으로 건전한가를 살펴보아야 한다.

하나님이 인간의 전 인격체를 소중히 하시는 이유는, 우리가 하나님의 형상에 가장 가깝게 지음 받았기 때문이다. 성경은 사람이 오직 하나님의 형상대로 창조되었다고 말한다(창 5:1). 비록 죄로 인해 하나님으로부터 멀어져 멸망하게 되었지만 타락한 인간은 아직도 지상의 다른 어떠한 피조물보다 하나님의 형상에 제일 가깝다.

그로 인해 사람은 중생이 가능해지고 이로써 하나님과의 친교가 충분히 회복되며, 베드로와 유다 그리고 다른 성경 기자들이 말하듯이 거듭나지 못한 사람은 향유할 수 없는 특권을 얻게 된다. 이러한 이유 때문에 말씀이 육신이 되어 우리 가운데 거하셨다. 아들은 천사의 성품을 취하신 것이 아니라, 오직 아브라함의 씨를 취하셔야 했고, 또 취하셨다(히 2:16).

이런 이유로 하나님은 산들을 기꺼이 낭비하시지만 사람은 절대로 낭비하시지 않는다. 물질은 낭비하시면서 인간은 인격체로서 이토록 따듯한 호의로 보존하신다.

하나님은 이렇게 사람을 허비하지 않고 소중히 다루신다. 하지만 슬프게도 우리 인간은 스스로를 허비한다. 사람은 자기 죄로 인해 자신을 허비할 수 있는데, 이는 지상에서 하나님과 가장 흡사한 생명체를 소모시키는 일이다. 이것이 인간 최대의 비극이요, 하나님의 최고 슬픔이다.

죄는 다양한 측면을 가지고 갖가지 결과를 낳는다. 죄는 사람을 죽이는 수많은 질환이 복합된 질병과 같다. 죄는 불법이요 과녁을 빗나간 것이요 반역이요 곡해요 위반이다. 죄는 또한 낭비로서 하나님의 모든 보물 가운데 가장 귀중한 보물을 없애는 무섭고 비참한 낭비이다.

그리스도 밖에서 죽는 사람을 가리켜 잃어버린 바 되었다고 하는데, 이런 사람의 상태를 나타내는 데 이보다 더 적절한 표현은 없을 것이다. 그는 자신에게만 주어진 가장 소중한 것을 잃었다. 그리하여 마침내 영원의 순간에 봉착했을 때 사방을 둘러보면 자기 영혼과 생명과 평안과 그의 모든 것, 신비로운 인격과 그에게 소중하고 영원한 것까지 모두 잃어버린, 선악을 분별 못한 바보요 돌이킬 수 없이 엄청난 것을 잃어버린 한 낭비자를 발견할 것이다.

29

영혼을 방치하면
황폐해진다

"인간은 동산(garden)에서 살도록 지음을 받았다. 그러나 죄로 인해 쫓겨나 들(field)에서 살 수밖에 없었다. 그들은 땀과 눈물로 대적과 싸워 들을 빼앗아야 했고, 끝없이 노력해야만 들을 보존할 수 있었다. 몇 년만 수고를 멈추면 그들의 들은 다시 황야로 변할 것이다. 정글과 숲이 그들의 노고를 삼키고 온갖 정성을 기울인 수고가 모두 허사로 돌아갈 것이다." 해럴드 메이슨(Harold C. Mason) 박사의 말이다.

농부는 현대식 농기구나 개량된 농업 기술로도 황야가 황폐해지는 것을 막을 수 없다는 사실을 잘 안다. 제아무리 땅을 잘 가꾸고 튼튼한 울타리를 만들어 건물을 단장한다 해도 소유주가 잠시라도 게으름을 피우면, 그가 소중히 여기는 값비싼 토지가 다시 황폐한 상태로 돌아가고 만다. 자연은 비옥한 들보다 황무지로 향하는 경향이 있다. 다시 말하지만 농부들은 이 사실을 매우 잘 안다.

깨어 있는 성도라면 이 이야기가 무척 실감날 것이다. 이는 영적으로나 물질적으로 타락한 모든 세상이 돌아가는 원리를 잘 보여 준다. 모든 것은 황폐해지려는 경향이 있고, 개발 후에도 다시 황폐한 상태로 복귀하려는 경향이 있다. 이 법칙은 피할 도리가 없다. 만일 우리가 현명하여 이를 충분히 깨닫는다면 들(field)의 진리는 영혼(soul)의 진리이기도 하다는 사실을 알게 될 것이다.

타락한 세상의 도덕적 경향은 경건이 아니라 정반대로 향한다. 어떤 시인은 "이 악한 세상은 과연 은혜의 편이며 내가 하나님께 가는 데 도움을 주는가?"라고 반문했다. 그 대답은 슬프게도 '아니오'이다. 그러므로 새신자는 회심하자마자 이 교훈을 배우는 것이 좋다.

우리는 가끔 마음의 순결과 승리의 생활을 보장하는 능력을 한 번의 기도로 얻을 수 있지 않을까 생각할 때가 있다. 그러나

이는 수 세기에 걸쳐, 수많은 신자에 의해 잘못된 생각이라고 입증되었다.

분명한 사실은 아무리 개혁적이라고 할지라도 우리를 시험에서 해방시켜 줄 영적 체험은 없다는 것이다. 마귀와 모든 잃어버린 바 된 세상 세력 입장에서 보면 깨끗해진 마음이 미울 수밖에 없다. 그들은 잃어버린 바 된 것을 도로 찾을 때까지 쉬지 않는다. 성령님의 능력으로 해방된 작은 지역을 정글로 삼켜 버리려고 기어들 것이다. 하나님의 은혜 사역으로 얻은 도덕적 소득을 보전하려면 계속 깨어 있어 기도해야 한다.

나태한 마음은 곧 세속적인 생각에 흔들리며, 게으른 생활은 얼마 되지 않아 도덕적 해이를 부를 것이다. 강력한 기도와 희생적인 노력으로 교회를 열심히 지키지 않으면, 교회는 조만간 모든 악한 새들의 소굴이 되고 생각지도 않은 부패의 피신처가 될 것이다. 깨어 기도하기를 잊고 자기 힘을 의지한다면 황폐함이 기어들어 순식간에 교회를 뒤덮고 말 것이다.

황폐해지려는 경향은 선교지에서도 많이 나타난다. 교육과 세심한 교회 조직을 배려하지 않고 이 나라 저 나라 전전하며 복음을 전파하는 것으로 선교 의무를 다했다고 생각한다면 오산이다. 그러나 안타깝게도 이러한 잘못된 생각이 복음주의 교회의 많은 기관에 영향을 주었다. 그래서 열심 있는 사람들을 시켜 날치기 방법으로 세계를 복음화하려고 시도한다.

회심자를 적절한 보살핌 없이 그들 멋대로 하도록 방치하는 것은, 마치 이제 갓 태어난 어린양을 황야의 한복판에 방치하는 것처럼 어리석은 짓이다. 또한 잡초 무성한 황무지에 밭을 일구어 곡식을 심고는 다시 거친 자연의 긍휼에 맡기는 어처구니없는 일과 같다. 이 모두는 노력 낭비일 뿐 진정한 수확으로 이어지지 못한다.

이 비유는 황야의 황폐해지는 경향을 감안하지 않는 모든 영적인 노력에 적용된다. 어린양 무리를 잘 돌보지 않으면 양들이 죽임을 당할 것이다. 들을 가꾸지 않으면 황폐해질 것이다. 깨어 기도하지 않으면 영적인 소득도 원수의 제물이 되고 말 것이다.

30

먼저
거룩한 사람이 되라

물은 수원지보다 높게 솟아오를 수 없다. 그리스도인의 삶도 갑자기 노력한다고 해서 자기 영적 수준보다 높아질 수는 없다.

낮에는 온종일 경솔하고 무익한 이야기로 지내며 이 세상 향락에 젖어 있는 사람이, 저녁에 설교하기 위해 예배 직전에 선지자의 영이 임하게 해 달라고 벼락치기로 기도하는 모습을 많이 보았다. 자기 감정에 극도로 도취되어, 설교를 마치고는 무척 자유롭게 설교할 수 있었다고 자축할지 모르지만, 그는 자신을 속인 것이며 그 안에는 지혜가 없다. 사람들에게 성경을 가르칠 때 그의 인격은 자신이 하루 종일 또는 일주일 동안 어떻게 지냈느냐에 따라 드러난다.

가시덤불에서 포도를, 엉겅퀴에서 무화과를 딸 수는 없다. 나무 열매가 나무에 의해 결정되듯이, 삶의 열매는 삶에 따라 결정된다. 사람의 인격은 그의 관심이 무엇이며 어디에 집착하느냐에 따라 결정된다. 그리고 그 사람의 인격이 장차 어떤 열매를 맺게 될지는 영혼의 은밀한 법칙에 의해 결정된다. 문제는 우리가 종종 그 열매의 진짜 품질을 너무 늦게 깨닫는다는 점이다.

우리 그리스도인의 삶이 실제적이 되려면 친화력의 놀라운 힘을 간과해서는 안 된다. 친화력이란, 어떤 물건이나 사람에게 우리 마음이 끌리는 힘이다. 인간의 마음은 지극히 민감하여 멀리 떨어진 것이나 금지된 대상과도 내적인 관계를 맺을 수 있다. 나침반의 바늘은 북극을 가리키는 자력과 친화력이 있다. 이와 같이 사람의 마음도 비록 거리나 시간상 멀리 떨어져 있다 해도 그 은밀한 사랑에 진실할 수 있다.

일이나 공부 등 심한 압박에서 벗어났을 때 무엇을 생각하는가? 그것으로 우리가 사랑하는 대상을 알 수 있다. 앞으로 해야 할 일을 생각할 여유가 생겼을 때 보통 무엇을 생각하는가? 무엇을 곰곰이 생각할 때 내적인 즐거움을 느끼는가? 자유 시간에 무엇을 명상하는가? 우리의 계속되는 상상은 무엇인가?

이러한 질문에 정직하게 대답한다면 우리 인격의 상태를 알 수 있다. 자신이 어떤 인격을 소유했는지 발견할 때 우리가 맺을 열매 또한 추측할 수 있다.

복음 전도자는 각 교인의 진정한 가치가 주일보다 월요일에 드러난다고 흔히 말한다. 만약 다른 사람을 훈계하려면, 한 주간을 주일과 같이 거룩한 마음가짐으로 살아야 한다.

모세는 "여호와 앞에 들어가서 함께 말할 때에는 … 나와서는 … 이스라엘 자손에게 전하며"(출 34:34)라고 기록한다. 이것이 성경적 규범인데, 우리는 여기서 떠나 우리 자신을 파멸시키면서 인간 영혼의 영원한 손상을 향해 나아간다. 누구든지 우선 여호와 앞에 오래 머물지 않은 사람은 사람들 앞에 나아갈 아무런 권한이 없다. 먼저 사람들에 관해 하나님께 말하지 않은 사람은, 사람들에게 하나님에 관해 말할 자격이 없다. 그러므로 하나님의 선지자는 대중 앞에서 설교하는 시간보다 은밀한 장소에서 기도하는 시간을 더 많이 가져야 한다.

인간 마음의 끌리는 힘을 감히 간과할 수 없듯이, 마음가짐의 중요성도 무시할 수 없다. 마음가짐은 정신적인 날씨와 같다. 이 내면의 기후는 영적인 은혜가 자라나기 알맞아야 한다. 그렇지 않으면 영혼 안에서 영적인 은혜가 성장하지 못할 것이다. 매일 매일 추운 기후가 자기 마음을 뒤덮도록 허용하는 그리스도인은 주일 학교나 성가대나 주일 아침 공예배에 참여할지라도 에스골의 포도가 담장을 넘기를 기대할 수 없다.

한 마리 제비가 봄을 부르는 게 아니고, 한 날의 뙤약볕이 여름을 부르지 않는다. 예배 전 몇 분간 미친 듯이 하는 기도는 꽃봉오리를 돋아나게 하거나 꽃이 피어나게 하지 못한다. 들이 그 소산을 내려면 오래 햇빛을 받아야 하듯이, 그리스도인의 마음도 진정한 영적 열매를 맺으려면 기도에 흠뻑 젖어 있어야 한다. 들이 비와 햇빛과 더불어 친밀하게 호흡하며 살기를 배우듯이, 그리스도인도 하나님과 더불어 살기를 배워야 한다. 오랫동안 하나님께 소홀했던 것을 순식간에 보충할 수는 없다.

하나님의 자녀는 자연을 다스리는 법칙과 같은 자상하고도 엄한 법칙에 따라 산다. 은혜는 이와 같은 법칙 안에서 작용하지만 결코 모순되지 않는다. 나무에 따라 우리의 열매가 맺힌다. 깜짝 놀랄 만한 기도라도 이 법칙을 거스를 수는 없다. 이 땅에서 매일매일 하나님이 허락하신 거룩한 생활을 하려면 먼저 거룩한 사람이 되어야 한다.

Part 7

경건

영적 분별력을 갖추라
영혼의 집을 넓히라
의로운 욕구는 생명으로 이어진다
의심은 죄가 아니다
감사는 영을 건강하게 한다

THE ROOT OF THE RIGHTEOUS

31

영적 분별력을 갖추라

오늘날 종교적 상황을 재검토할 때 우리는 드러나는 한두 가지 약점만 보고는 "이것이 교회의 잘못된 점이다. 만일 이것만 고친다면 우리는 초대 교회의 영광을 되찾을 것이다"라고 쉽게 말한다.

이렇게 지나치게 단순화시키려는 경향 그 자체가 약점이다. 그러므로 언제나 경계해야 한다. 특히 복잡한 종교적인 일을 취급할 때는 더욱 그렇다. 많은 사람이 현재의 모든 고뇌를 단순한 하나의 질병으로 축소해 단순한 치료법으로 고치려고 한다. 하지만 지혜로운 사람은, 오진으로 처방된 약은 결코 효과가 없음을 알기에 더욱더 신중을 기할 것이다.

단순한 것은 하나도 없다. 영적인 질병이 단독으로 발생하는 일은 거의 없기 때문이다. 거의 모든 일이 다른 것과 중복되어 나타나고, 모든 종교 단체에 퍼져 긴밀히 연결되어 있다. 그러므로 한 가지 치료법을 발견하려면 솔로몬의 지혜가 필요하다.

이러한 이유 때문에 나는 현대 기독교의 어떤 결함과 여기에서 파급된 우리의 모든 문제를 지적함에 있어 주저하지 않을 수 없다. 오늘날 성경적인 신앙이 급격히 기우는 것은 분명한 사실이다. 그러나 이렇게 쇠퇴하게 된 원인을 찾기가 쉽지 않다. 나는 다만 영적 문제의 진정한 원인이 될 만한 중대한 결함을 복음주의 그리스도인 사이에서 관찰했다고는 언급할 수 있겠다. 이것이 사실이라면 그 부족함을 하루 빨리 채워야 할 것이다.

내가 말하려는 그 커다란 결함은, 특히 우리 지도자에게 영적 분별력이 결여되어 있다는 사실이다. 그렇게 많은 성경 지식을 갖고도 그렇게 적은 통찰력과 도덕적 침투력을 가졌다는 사실은 오늘날 종교계의 수수께끼가 아닐 수 없다. 오늘날은 교회 역사상 어느 때보다 많은 사람이 성경 연구에 종사하고 있다. 만일 성경 교리에 대한 지식으로 경건을 가늠할 수 있다면, 이 시대는 틀림없이 역사상 가장 거룩한 시대일 것이다.

그러나 이 시대는 신앙을 고백한 그리스도의 신부가 사람의 아들들의 환심을 사기 위해 자신을 내맡기는 때가 되었다. 이 시대는 교회의 바벨론 포로 시대요, 세상이 활보하는 시대라는 말이 더 맞을지 모르겠다. 악한 영향력 아래 있는 복음주의 단체는 과거 25년간 술 취함이나 성적 혼란과 같은 큰 죄만 피하고는 세상 편으로 완전히 비열하게 넘어가고 말았다.

성경 교사와 복음 전도자의 동의하에 이 같은 불명예스러운 배교가 이루어졌다는 사실은, 가장 가공할 일 가운데 하나이다. 이는 조상의 신앙을 계획적으로 파괴하려는 악한 의도로 행해진 일이 아니다. 선하게 사는 많은 사람이 배신자와 협력했다.

왜 그랬을까? 그 답변은 단 한 가지, 영적 통찰력이 부족하기 때문이다. 교회는 "또 이 산에서 모든 민족의 얼굴을 가린 가리개와 열방 위에 덮인 덮개를 제하시며"(사 25:7)라는 말씀과 같이 안개와 같은 무언가로 덮였다. 이러한 휘장이 옛날 이스라엘 위에 드리워져 있었다. "그러나 그들의 마음이 완고하여 오늘까지도 구약을 읽을 때에 그 수건이 벗겨지지 아니하고 있으니 그 수건은 그리스도 안에서 없어질 것이라 오늘까지 모세의 글을 읽을 때에 수건이 그 마음을 덮었도다"(고후 3:14-15).

이때는 이스라엘 역사상 비참한 때였다. 하나님이 교회를 세우시고 그의 옛 백성의 특권을 잠시 빼앗으셨다. 하나님은 그분의 일을 눈먼 자에게 맡길 수 없었던 것이다.

만일 이스라엘이나 역사 속에서 하나님을 저버린 모든 종교적 공동체가 같은 운명을 피하고 싶다면, 영적인 시각이 열려야 한다. 아니면 선지자적 비전을 가진 기독교 지도자가 대안이 될 수도 있다. 안개를 꿰뚫어 볼 수 있는 사람들이 필요하다. 그러나 정작 그들이 나타나면 우리는 세속적인 정통의 이름으로 틀림없이 그들 가운데 몇 사람은 십자가에 못 박을 것이다. 하지만 십자가는 언제나 부활의 전조이다.

단순한 복음주의가 오늘날 우리에게 필요하다는 것이 아니다. 복음주의는 그 무엇이든 간에 같은 선상에 있는 종교에 지나지 않는다. 이 복음주의는 신앙의 질적 문제를 그다지 중요하게 생각하지 않는 수많은 사람에 의해 신앙으로 받아들여지고 있다. 비극적인 사실은 오늘날 복음주의가 지금 유행하는 퇴보된 기독교를 사도적 신앙으로 받아들이고 아무 문제 제기도 하지 않은 채 이를 따르기에 여념이 없다는 점이다. 그리하여 우리는 신약의 표준으로부터 점점 멀리 이탈되고 있다.

우리에게는 개혁이 필요하다. 그렇지 않으면 영적이지 않은 사람들이 자신의 목적을 성취하기 위해 비성경적인 방법을 동원해 무책임하고 지극히 오락적이며 이교화된 거짓 종교를 전 세계 모든 곳에 퍼뜨릴 것이다. 그리고 더불어 무시무시한 파멸이 임할 것이다.

32

영혼의 집을
넓히라

    신앙 위인의 명단에는 항상 히포의 주교, 아우구스티누스가 있다. 학식 있는 사람 백 명에게 바울 이후 가장 신실한 신자를 뽑으라면 대부분 아우구스티누스를 지명한다. 그만큼 그는 지적으로나 영적으로 위대했다. 시대는 그가 얼마나 위대한지 알았지만 그 자신은 전혀 알지 못했다. 그는 『고백록』(*Conffessions*) 첫머리에서 "내 영혼의 집이 좁사오니 주께서 그것을 넓히소서. 주께서 그 안에 들어오시도록"이라고 고백했다. 그의 진실된 마음에서 우러나온 이 말에서 그가 위대한 비결을 알 수 있다.

    하나님에 대한 아우구스티누스의 비전은 너무도 엄청나서 이를 받아들이기에 그는 자신의 능력이 지극히 작아 보였다. 그에게 하나님은 어떤 성전도 포용할 수 없이 크시고, 어떤 성벽도 둘러쌀 수 없을 만큼 넓으신, 세상을 가득 채우시는 분이었다. 하늘과 하늘의 하늘이라도 그분께는 너무도 좁았다. 시선을 돌려 자기 마음을 들여다보니, 너무나 협소하고 협착했다. "주께서 그것을 넓히소서!"는 그 영혼의 본능적인 외침이었다.

오늘날 도처에서 볼 수 있는 자기 만족적인 영적 태도와는 얼마나 다른가? 오늘날 많은 그리스도인에게는 구원받는 것이 가장 높은 야망인 듯 보인다. 영생을 소유하고 영생을 아는 것이 많은 사람의 열망인 듯하다. 여기서 시작하고 여기서 끝나고 만다. 이 하나의 주제를 중심으로 그들은 협소한 성전을 짓고, 한정된 경계 안에서 축하의 노래를 부르며 감사를 드린다.

우주에서 가장 넓은 장소는 어떤 공간이 아니다. 인간 마음의 잠재력이다. 하나님의 형상으로 지어졌기에 인간의 마음은 어느 방향으로든지 거의 무한히 늘어날 수 있다. 따라서 세상에서 가장 비참한 일은 우리 마음이 자기 이외에는 수용할 수 없을 만큼 오그라드는 것이다. 워즈워스(Wordsworth)는 우리가 나이들어 감에 따라 세계가 점점 좁아지고, 빛이 땅이나 바다 위로 떠오르기도 전에 서서히 내려가 마침내 어두워지는 것을 슬퍼했다.

우리가 어릴 때 하늘은 우리 둘레에 펼쳐져 있었다!
감옥의 그림자가 자라는 소년 위에 드리워지기 시작한다.
그러나 그는 빛을 바라보고
그것이 어디서부터 흐르고 있는지를 지켜본다.
…
마침내 그는 그 빛이 사그라지는 것을,
고작 한 날의 빛으로 흐려지는 것을 알게 된다.

사람들 가운데서도 특히 그리스도인은 가장 넓은 마음을 가져야 한다. 마음을 좁히는 것은 상상할 수 없는 재난이다. 우리는 겉으로 드러나는 모습이 결코 그 내면이 광대함을 드러내지 못할 만큼 마음이 확장되기를 추구해야 한다. 겉보기에는 크지만 마음이 작다면 위선이다. 그러나 넓은 내면을 소박하게 드러내는 겸손은 하나님을 가장 기쁘시게 하는 것이다.

그리스도인에게 가장 날카로운 비판은 마음이 좁고 작다는 것이다. 이러한 비난을 받았다면 진지하게 자신을 살피며 기도해야 한다. 경건은 하나님을 닮아 가는 것이다. 그러므로 하나님을 닮게 되면 분명히 도량이 넓어진다.

하나님은 그분의 마음으로 세계를 끌어안으시고 창조된 우주를 포용하신다. 동정심을 제한한다면 하나님을 닮을 수 없다. 우리가 할 수 있는 가장 용감한 일은 결함을 솔직히 인정하는 것이다. 세상의 날카로운 눈앞에서 우리의 도덕적 흠을 변호하는 것만큼 무익한 일이 없다. 우리는 비판의 원인을 부정하기보다 제거해야 한다.

바울은 광대한 내적 생명을 소유한 작은 사람이었다. 그의 넓은 마음은 그 제자들의 옹졸함 때문에 상처를 받고는 했다. 특히 고린도 교회가 많은 괴로움을 주었다. 그들의 오그라든 영혼의 시야가 바울의 마음을 상하게 했다. 그는 분노와 사랑이 섞인 어조로 "고린도인들이여 너희를 향하여 우리의 입이 열리고 우리의 마음이 넓어졌으니 너희가 우리 안에서 좁아진 것이 아니라 오직 너희 심정에서 좁아진 것이니라 내가 자녀에게 말하듯 하노니 보답하는 것으로 너희도 마음을 넓히라"(고후 6:11–13)라고 호소했다.

만일 누군가가 어떻게 해야 마음을 넓힐 수 있느냐고 묻는다면 우리는 그들 스스로는 할 수 없다고 즉시 말해 주어야 한다. 바울은 "너희도 마음을 넓히라"(Be ye also enlarged; 즉 다른 어떤 힘에 의해 마음이 넓어지게 하라는 뜻이다.-역주)라고 했지 "너희 스스로 넓히라"(Enlarge yourselves)라고 하지 않았다. 이 일은 우리가 할 수 없다. 오직 하나님만이 하실 수 있다. 영혼의 설계자요 건축가만이 죄의 폭풍이 지나간 후에 단 하나밖에 남지 않은 작은 방을 새롭게 건설하실 수 있다.

만일 우리 마음을 하나님께 내드린다면 놀라운 확장을 경험하게 될 것이다. 우리의 손을 떼고 하나님의 역사에 맡길 때 그분이 무엇을 하실지 상상이 되는가? 마이스터 에크하르트(Meister Eckhart)는 "하나님이 인간 본성에 부여하신 고결함을 네가 어떻게 알겠으며, 아직 공개된 적도 없고 아직도 발견되지 않은 완전성을 네가 어떻게 알겠는가?"라고 묻는다.

확장된 생명의 유일한 특징은 그 스스로에 대해서는 거의 깨닫지 못한다는 것이다. 가장 넓은 마음은 "나의 영혼의 집이 협소하오니 주께서 그것을 넓히소서"라고 기도할 뿐이다.

33

의로운 욕구는
생명으로 이어진다

자연계에서 일어나는 일은 욕구에 따라 움직인다. 각 종(species)의 개체는 욕구의 작용에 의해 종을 보존한다. 일반적인 모든 피조물은 짝이 필요하고, 그렇게 종족을 이어 나간다. 모든 피조물은 먹을 것이 필요하고, 그렇게 각기 생명을 유지한다. 따라서 욕구는 자연을 다스리는 하나님의 종(servant)으로 하나님의 뜻을 섬긴다.

도덕계에서 일어나는 일도 다르지 않다. 의로운 욕구는 생명으로 향하고, 악한 욕구는 사망으로 향한다. 이것이 바로 이 문제에 관한 성경의 가르침이다. 사람이 어떤 욕구를 갖느냐에 따라 그의 인격이 결정된다.

바울 서신을 보면 한 방향이나 다른 방향으로 마음이 끌리는 것을 '생각'(mind)이라고 했다. 예를 들면 로마서 8장에서 말하는 '생각'은 우리의 지배적인 욕구의 총합을 의미한다. 생각은 단순한 지성이 아니다. 행동을 결정하기에 충분한 힘을 가진 감정적 인력과 지성을 합한 것이다.

이 정의를 염두에 두면 로마서 8장 5-7절 말씀을 이해하기 쉬울 것이다. "육신을 따르는 자는 육신의 일을, 영을 따르는 자는 영의 일을 생각하나니 육신의 생각은 사망이요 영의 생각은 생명과 평안이니라 육신의 생각은 하나님과 원수가 되나니 이는 하나님의 법에 굴복하지 아니할 뿐 아니라 할 수도 없음이라."

우리를 지배하는 욕구가 악하면 삶 전체도 결과적으로 악하다. 욕구가 선하면 삶 또한, 우리 안에 계신 성령님이 공급하시는 욕구의 수준에 도달한다.

모든 진정한 영적 성숙의 뿌리에는 의롭고 성화된 욕구가 자리 잡고 있다. 성경은 두말할 것 없이, 만일 우리의 욕구가 하나님의 뜻에 합당하다면 우리가 간절히 원하는 것은 무엇이든 얻을 수 있다고 가르친다. 하나님과 거룩을 추구하는 욕구는 모든 진정한 경건의 뼈대이다. 그리고 이러한 욕구가 생활을 지배하게 될 때, 우리가 무엇이든 원하는 대로 소유하기를 막을 자가 없을 것이다.

하나님을 갈급해하는 영혼이 갈망하는 부르짖음은 "오, 주님을 닮아가기를!"이라는 말로 표현할 수 있을 것이다. 이렇게 간절히 바랄 때 은혜 가운데 착실히 장성하게 되며 계속해서 그리스도를 닮아 갈 것이다.

거룩하지 못한 욕구는 그리스도인의 삶의 성장을 멈춘다. 악한 욕구는 도덕적 판단을 왜곡시켜 그 대상을 진정으로 평가하지 못하게 한다. 우리가 얼마나 자신을 시험하든 우리는 아직도 그 대상을 원하기에 그것이 도덕적으로 더 좋아 보일 것이다. 그러므로 우리 마음은 종종 우리의 제일 나쁜 상담가가 된다. 마음이 욕구로 채워지면, 전혀 순결하지 않은 것도 얼마쯤은 순결하다고 변호하면서, 우리에게 나쁜 충고를 하기 때문이다.

그리스도인은 완전히 정직할 때 비로소 안전하다. 마음에서 거룩하지 못한 욕구를 없애려면 마음을 하나님께 내드려야 한다. 그리고 성경을 기준으로 판단해야 한다. 만일 성경이 무언가를 정죄한다면, 그 순간 아무리 그것을 하고 싶어도 성경의 판단에 따라야 한다. 얼마나 간절히 바라든 그것은 분명 하나님의 뜻과 배치됨을 알기에 그로부터 돌아서는 일은, 세상에서 가장 큰 전쟁에서 승리한 것과 같다.

우리의 욕구를 십자가 앞에 가지고 나가 그리스도와 함께 못박히게 하라. 이 일은 선하고 아름답다. 시험을 받으나 그 시험 중에서 하나님을 영화롭게 하는 것은, 하나님께 영광을 돌리는 일이다. 이것이 안전한 상태에서 하나님께 영광을 돌리는 일보다 훨씬 더 하나님을 기쁘시게 한다. 그리스도의 이름으로 싸워 이기는 것은 갈등이 없는 것보다 낫다.

우리가 자신을 지배하는 도덕적 싸움에서 승리를 얻을 때 언제나 하나님이 영광을 받으신다. 우리는 언제나 한량없이 영광스러운 유익을 얻는다. 하나님의 영광과 그의 백성의 영원한 행복은 언제나 이어저 있다 예수 그리스도의 보혈은 우리가 지금까지 범한 죄를 씻어 주실 뿐 아니라, 죄를 짓고 싶지 않도록 내적인 욕구도 씻어 주신다. 순결하게 된 욕구는 일종의 온화한 도덕적 인력에 의해 의로운 방향으로 향하게 된다. 그러면 우리는 '영적인 마음'을 가졌다는 말을 들을 것이다. 그것은 참으로 복된 상태요, 그는 참으로 복 있는 사람이다.

34

의심은
죄가 아니다

　믿기 위해 끊임없이 분투할 때 우리가 간과하기 쉬운 사실이 있다. 우리에게 믿음이 필요한 만큼, 때로는 약간의 건전한 불신앙이 우리 영혼의 건강에 필요하다는 단순한 사실이다.

　나는 한 걸음 더 나아가 경건한 회의론을 기르는 편이 좋다고 생각한다. 이는 의심이 부족한 사람이 빠지기 쉬운 수렁과 진창에서 우리를 건져 줄 것이다. 의심은 죄가 아니다. 모든 것을 믿는 것이 오히려 치명적일지 모른다.

　모든 진정한 예배의 뿌리에는 믿음이 있다. 그러므로 믿음 없이는 하나님을 기쁘시게 할 수 없다. 불신앙 때문에 이스라엘 백성은 약속을 유업으로 받지 못했다. "너희는 그 은혜에 인하여 믿음으로 말미암아 구원을 받았으니"(엡 2:8), "오직 의인은 믿음으로 말미암아 살리라"(롬 1:17) 등과 같은 수많은 성구가 떠오른다. 그래서 불신앙이 좋을 수도 있으며 유용할 수도 있다는 제안에 약간 주춤하게 된다. 마치 성경에서 가르치는 신앙의 교리를 대담하게 부인하는 것 같고, 우리를 흔한 현대인처럼 뻔뻔한 불신앙 옹호자로 만드는 것 같다. 그러나 이 문제를 좀 더 면밀히 생각해 보자.

믿음은 결코 순진하지 않다. 모든 것을 믿는 사람은 무엇이든지 믿기를 거부하는 사람과 마찬가지로 하나님께로부터 멀리 떨어져 있다.

믿음은 하나님의 인격과 약속을 내 것으로 삼고 전혀 의심 없이 그 위에 머무는 것이다. 그 배후에 무엇이 있든지 살아 계신 하나님의 성품과 말씀을, 결코 다른 어떤 호소도 있을 수 없는 최종적인 진리로서 받아들이는 것이다.

믿음이 하나님의 말씀 위에 세워졌다면, 그 신앙은 결코 의문의 여지가 없다. "사람은 다 거짓되되 오직 하나님은 참되시다 할지어다"(롬 3:4). 따라서 믿음은 하나님을 의로우신 분으로 여김으로써 그분을 영화롭게 하며, 우리가 지각할 수 있는 증거에 대치되는 하나님의 증거를 받아들인다. 이것이 바로 믿음이며, 이러한 신앙은 아무리 많아도 결코 부족하지 않다.

반면, 쉽사리 믿는 것은 절대로 하나님을 영화롭게 하지 못한다. 하나님 믿기를 사람을 믿는 것처럼 아주 쉽게 생각하기 때문이다. 쉽사리 믿는 사람은 비범한 것이라면 무엇이든지 용납하고, 색다른 것일수록 더 열심히 믿는다. 어느 정도 무시무시하고 초자연적이며 비세속적이라고 생각되는 요소만 있으면 지체 없이 어떤 증언이든지 믿어 버린다.

속기 쉬운 심성은 마치 타조와 같다. 타조는 흥미롭게 보이는 것이면 그것이 무엇이든, 귤이든 정구공이든 펼쳐진 휴대용 칼이든 접힌 종이 조각이든 익은 사과든 막론하고 마구 삼켜 버린다. 결국 타조가 살아남은 것은 그의 지능이 아니라 그의 강한 위장 때문이다.

타조와 별 차이가 없는 그리스도인을 만난 적이 있다. 그들은 하나님을 믿어야 하기 때문에 모든 것을 믿어야 한다고 생각한다. 그들은 보이지 않는 것을 받아들여야만 하기에, 믿을 수 없는 것을 즉각적으로 받아들이려고 한다. 하나님은 기적을 행할 수 있고 행하기도 하시므로, 기적으로 통한다면 무엇이든 다 하나님의 것으로 생각한다. 하나님이 인간에게 말씀하셨기에 하나님께 계시를 받았다고 주장하는 모든 사람은 선지자라고 생각하고, 비세속적인 것은 무엇이든 거룩하다고 생각하며, 설명할 수 없는 일은 무엇이든 하나님의 일로 받아들인다. 선지자들은 거절당했으므로, 거절당한다면 모두 선지자이다. 성도들은 오해를 받았으므로, 오해를 받는다면 모두 성도이다. 이것이 속기 쉬운 신자의 위험한 논리이다. 이런 믿음은 불신앙만큼이나 해롭다.

건강한 영혼은, 백혈구와 적혈구의 비율이 적당한 건강한 혈액과 같다. 적혈구는 믿음이다. 신체에 생명을 주는 산소를 운반한다. 백혈구는 불신앙이다. 유독한 것을 공격하여 배출한다. 이렇게 두 종류의 혈구가 세포 조직을 유지하기 위해 함께 작용한다. 건강한 심장은 유독한 것을 혈류 밖으로 몰아낼 준비를 갖추어야 한다.

속기 쉬운 사람은 결코 의심하지 않는다. 그는 전적으로 믿는다. 그는 긍정적인 것을 강조하며, 자기도 모르게 종교적 낙천주의에 중독된다.

하나님을 믿는 신앙과 더불어 우리는 신비로운 모든 것과 난해한 모든 것을 건전하게 의심해 보아야 한다. 수점술(수의 신비로운 의미를 연구하는 것.-역주), 점성술, 강령술과 종교로 통하는 모든 수상하고 이상한 것은 배척되어야 한다. 이 모두는 유해하므로 진정한 그리스도인의 삶에 발붙이게 해서는 결코 안 된다.

진정한 신앙을 소유한 그리스도인은 양심의 가책도 두려움도 없이 이 모두를 거부할 것이다. 길이요, 진리요, 생명이신 그리스도를 그는 소유하고 있다. 이 그리스도인에게 무엇이 더 필요하겠는가?

35

감사는
영을 건강하게 한다

열정적인 그리스도인은 이 부패한 세상에서 악에 저항하는 데 지나친 반응을 보이다가 종교적 직업병, 즉 냉소적 사고 방식의 희생자가 될 위험이 있다. 대중적인 흐름에 끊임없이 맞서야 한다는 말 때문에 단점을 찾고 반감을 품는 습관에 젖기 쉽다. 그렇다 보니 다른 사람의 일에 자비와 사랑 없이 오로지 비평만 일삼기도 한다.

이러한 냉소적인 사고방식을 더 위험하게 만드는 것은 그 냉소적인 사람이 대개 옳다는 것이다. 그 사람의 분석은 정확하고, 그의 판단은 건전하다. 그가 자신의 도덕적 견해가 옳다고 입증할 수는 있겠지만, 그는 무섭고 애처로울 정도로 잘못되어 있다.

그런데 그는 자신의 판단이 옳기 때문에 자신이 얼마나 비참하게 그릇되어 있는지 전혀 느끼지 못한다. 그는 빈정대는 것이 만성이 되어 마침내는 자신도 모르는 사이에 이를 정상으로 받아들인다.

이런 상태가 어떤 기도회에서 영적 체험을 하는 것으로 치료될 수 있다면 참으로 편리할 것이다. 어떤 신실한 사람들은 그럴 수 있다고 믿는 것 같다. 그러나 나는 동의하지 않는다. 이것은 마치 사람이 한 번 건강했다고 평생 건강하리라 믿는 것처럼 불가능한 일이다. 우리가 아무리 건강하더라도 적절한 육체적 습관을 배양하지 않으면 곧 병이 찾아든다.

지속적인 영적 건강은 올바른 마음의 습관에서 온다. 이를 등한히 한다면 과거에 얼마나 훌륭한 경험을 했든 그 내적 생명은 퇴보할 것이다.

그래서 나는 반감을 쉽게 갖고 결점을 찾아내려는 태도를 고치는 방법으로 감사의 습관을 기르라고 추천한다. 감사는 치유하는 능력이 있다. 끊임없이 감사가 흘러넘치는 마음은 많은 종교적인 사람을 괴롭히는 분노와 우울감에서 안전하다. 감사하는 마음은 냉소적일 수가 없다.

자유주의자 집단이나 낭만적인 종교 시인들에게 매우 인기 있는 응용심리학을 추천하는 것은 아니다. "악한 것은 듣지도 말고 보지도 말며 말하지도 말라"는 식의 경구는 거듭남이란 기적을 통해 하나님께 인도된 사람이 듣기에는 거북한 말일 것이다. 그러나 나는 영적 퇴보를 치료하는 방법으로 감사를 기르라고 권하고 싶다. 성경적 근거도 확실하며, 실제로 경험도 했다.

　어떤 복도 결코 당연하게 받아들여서는 안 된다. 모든 좋은 것은 빛의 아버지로부터 오는 선물이다. 온종일 감사를 실천하는 거룩한 삶을 살아야 한다. 그리고 하나님께 감사드려야 할 내용과 사람들에게 감사해야 할 내용을 차례대로 기록해야 한다. 의지적으로 이런 감사의 생각을 계속하면 마음의 습관이 될 것이다.

　하나님은 창조 이래로 우리를 생각하사 아무것도 없는 공허 속에서 존재하게 하셨다. 이 얼마나 감사한 일인가. 우리가 범죄했을 때에도 그분은 우리를 여전히 기억하여 자기 아들을 보내사 우리를 위해 죽게 하셨다. 하나님은 우리에게 성경을 주셨을 뿐만 아니라 성경을 이해하도록 그분의 복된 성령님을 보내셔서 우리를 가르치셨다. 우리는 교회로 인해, 훌륭한 영적 교사로 인해, 충성스러운 목사로 인해, 주일 예배를 풍성하게 하는 찬송가 작가들로 인해 얼마나 기뻐하는지 하나님께 감사할 수 있다. 우리가 받은 많은 복을 헤아릴 때 곤란한 점은, 헤아릴 복을 찾아내는 것이 아니라, 모두 헤아릴 시간이 부족하다는 것이다.

개인적으로 나는 주변 사람들로부터 받은 친절을 하나님과 더불어 이야기해 왔다. 나는 부모님께 내 생명과 양육의 빚을 지고 있다. 선생님들께는 내가 어리고 무지한 이교도였을 때 나로 하여금 읽고 쓰게 하고 인내로 차근차근 가르쳐 주신 일에 대한 빚을 지고 있다. 과거의 애국자들과 정치가들에게는 내가 현재 누리는 자유에 대한 빚을 지고 있다. 우리나라의 자유를 수호하기 위해 피를 흘린 수많은 알지 못하는 군인에게 나는 도저히 갚을 수 없는 큰 빚을 지고 있다.

내가 그들로 인해 감사하며 주님을 떠올릴 때 나는 마음이 넓어지고 하나님을 기쁘시게 할 수 있다. 나의 평안과 복지에 공헌한 모든 사람에게 감사한다. 그리고 그 모든 감사로 인해 하나님께 감사함을 잊지 않으려 한다.

Part 8

고난

일시적 영적 가뭄에는 믿음이 필요하다
장애물은 예배를 방해할 수 없다
성도의 고난은 약이 된다
시련으로 인해 하나님을 찬양하라
패배처럼 보이는 승리도 있다

36

일시적 영적 가뭄에는 믿음이 필요하다

아무리 신실하게 하나님께 순종하려 하고, 빛 가운데로 걸어가려고 해도 때때로 찾아오는 영적 가뭄보다 열심 있는 신자를 괴롭히는 것은 없다. 영적 가뭄은 결코 예상할 수도 없고 설명할 수도 없다. 이게 바로 어려운 점이다.

영적 사막 한복판에 선 사람은 자신만 이런 경험을 하는 것이 아님을 알면 위안이 될 것이다. 세상을 아름답게 하는 발을 가진 가장 상냥하고 거룩한 성도일지라도 때때로 자신이 영적 사막에 있는 것을 깨닫는다.

과거에 쓰인 경건한 책을 보면 거의 모두 그리스도인의 삶 속에 때때로 나타나는 '무미건조한 생활'을 다룬다. 우리 대부분이 잘 아는 경험을 완벽하게 설명하는 이 말은 우리로 하여금 동정의 미소를 짓게 만든다. 우리의 마음이 건조해도 우리는 비를 내리게 할 수 없다. 이러한 영적 가뭄에 처했다면, 먼저 이것은 성도들이 당하는 일반적인 경험임을 염두에 두라.

이러한 때에 낙심하는 이유는, 무미건조한 생활의 원인이 죄라고 생각하기 때문이다. 만일 죄로 인한 영적 가뭄으로 고통당한다면, 자연히 죄책감을 느낄 것이다. 이 문제를 다룰 때 알아야 할 것은 죄가 영적 가뭄의 유일한 원인은 아니라는 사실이다.

만일 삶을 정직하게 살펴봤는데 불순종하지 않았고, 지난 죄를 확실히 용서받았다면, 영적 가뭄의 원인에서 죄를 과감히 제외시키라. 만일 죄를 짓지 않았는데도 죄를 지었다고 생각한다면, 하나님을 영화롭게도 못 하며, 우리 자신에게도 좋지 않은 영향을 준다.

우리는 알려지지 않은 본성 깊은 곳에 하나님을 불쾌하게 하는 어떤 죄가 있어서 하나님이 얼굴을 우리에게서 숨기신다고 속이는 사탄의 제안을 받아들이고 곧잘 그의 손에서 놀아나게 된다. 하나님이 깨끗하다 하신 것을 우리가 불결하다고 해서는 안 된다. 이것은 불신앙이다.

신학자들은 "신앙은 의지에 달렸다"라고 말한다. 즉, 마지막에는 우리의 의지가 무엇을 향했는지가 결정적이다. 그런데 영적 가뭄은 때로 느낌이어서, 의지와 아무 상관이 없다. 예수님은 "누구든지 원하는 자는"이라고 하셨지 "누구든지 느끼는 자는"이라고 말씀하지 않으셨다.

느낌은 의지 위에서 흔들리는 정서의 파동으로, 삶의 배경에 깔리는 음악과 같다. 시온을 향해 행진할 때, 악단의 연주를 들으며 행진한다면 참으로 즐거울 것이다. 그러나 반드시 필요하지는 않다. 만일 감정을 떠나 하나님과 더불어 걸어갈 수 있는 진정한 신앙을 소유한다면 음악 없이 일하고 걸어갈 수 있다.

보통 우리는 대부분의 시간에 어느 정도 영적 기쁨을 느끼기를 기대할 수 있다. 하나님과의 사귐은 매우 즐거운 일이어서 큰 기쁨이 없을 수 없다. 그러나 지금 우리는 우리의 기쁨이 시들고 주님의 임재가 약하게 또는 전혀 느껴지지 않는 시간을 말하고 있다. 이럴 때는 믿음이 활동하게 해야 한다.

영적 기쁨이 클 때에는 많은 믿음이 필요하지 않다. 그렇다고 우리가 축복의 산에서 절대 내려오지 않는다면 우리는 하나님의 불변하는 성품보다 우리 자신의 기쁨을 쉽게 의지하려 들 것이다. 그래서 우리의 자상하시고 거룩하신 아버지께서는 그분의 내적 위로를 우리에게서 거두시고, 그리스도만이 영원히 신뢰할 반석이심을 가르치셔야 할 때가 때때로 있다.

37

장애물은 예배를 방해할 수 없다

적대적인 사람이나 불리한 환경이 우리 삶에서 하나님의 뜻이 성취되기를 막을 수 있다는 생각은 전적으로 잘못되었다. 그 무엇도 하나님과 선한 사람을 방해할 수 없다.

기독교 신앙의 영광 중 하나는 도덕적, 정치적 환경이 우호적이든 아니든, 여전히 신앙이 효과적인 능력을 발휘한다는 점이다. 웰스(H. G. Wells)는 다음과 같이 말했다. "나는 개인적으로 불교가 최선의 종교라고 믿는다. 그러나 불교는 분위기가 온화한 나라에서만 번성한다!"

언젠가 가톨릭의 한 사제가, 나치 감옥에 갇히고 종교 행위를 금지당해 곤경에 처한 다른 사제를 애석해하는 소리를 들었다.

정말 우스꽝스럽게 들렸다. 외적 의식을 준수하는 데 기초한 종교가 어떻게 금지될 수 있는지 알 만했다. 만일 어떤 종교가 외적 의식으로 이루어졌다면 법률이 그 의식을 금지할 때, 그 종교는 파멸될 것이다. 그러나 영과 진리로 하나님을 예배하는 진짜 종교라면, 어떻게 법률이나 감옥이나 학대나 박탈이 그 예배를 막을 수 있겠는가?

오직 하나님의 뜻을 행하는 데 마음을 고정시키라. 그러면 그 순간 자유로워질 것이다. 아무도 우리를 방해할 수 없다. 만일 우리가 하나님을 지극히 사랑하고 하나님을 사랑하기 때문에 모든 사람을 사랑하되 원수까지 사랑하는 것이 우리의 제일 가는 의무임을 이해한다면, 우리는 어떠한 경우에도 영적 평온을 누릴 수 있다.

만일 환난이 우리 마음을 괴롭힌다 할지라도, 여전히 우리가 하나님의 뜻을 행하고 있다면 깊은 확신 속에 거할 수 있다. 하나님은 우리의 수난을 향기로운 제물로 받고 기뻐하실 것이다.

우리가 고통을 당하는 이유는 우리 자신의 의지를 하나님과의 관계에 도입하기 때문이다. 우리가 자신의 이기적 욕망으로 삶의 옷감을 짠다면, 우리는 그 즉시 외부의 방해에 굴복하게 될 것이다. 만일 내 마음에 드는 어떤 종교 활동을 하나님의 뜻으로 혼동한다면, 나의 신앙 생활은 방해를 받을 수 있다. 그러면 나는 내 길을 가로막는 자를 비난할 것이고, 나를 방해한 사람이나 무언가 때문에 내가 영적으로 무너졌다고 변명할 것이다.

영적 예배는 지극히 사랑하는 것, 굳게 신뢰하는 것, 쉬지 않고 기도하는 것, 그리스도와 같이 되기를 구하는 것, 거룩하며 그리스도를 위해 할 수 있는 모든 선한 일을 하는 것이다. 이런 '실천 사항'은 어느 누구도 방해할 수 없다.

교회 출석이 정부 법령으로 금지되거나 상황 때문에 불가능하게 되더라도, 하나님이 그 상황을 적절하게 바꾸셔서 우리에게 외적인 신앙 의식을 다시 허락하실 때까지 우리는 마음의 성소에서 예배드릴 수 있다. 우리 마음의 제단 위에 불이 꺼지지 않는다면, 다른 어떤 방법으로도 배울 수 없는 복종과 신뢰의 감미로운 비밀을 배우게 될 것이다.

만일 외부의 방해로 인해 지친다면, 의지가 부족하지는 않은지 돌아보라. 그 무엇도 하나님을 방해할 수 없다. 하나님께 온전히 맡기고 그분을 잠잠히 신뢰하는 마음을 방해할 수 있는 것은 전혀 없다.

38

성도의 고난은
약이 된다

성경에는 고난에 관한 많은 말씀이 있는데, 대부분 매우 격려가 된다.

오늘날의 종교적 분위기는 고난의 교리에 우호적이지 않지만, 성경에서 이처럼 많은 지면을 차지하는 이 교리는 새로운 피조물이 된 자녀라면 반드시 조심스럽고 경건한 태도로 다루어야 할 주제이다. 우리는 고난을 무시할 수 없다. 우리가 이해하든 그렇지 않든 인간은 대부분 고난을 경험하기 때문이다.

신생아가 처음 감기에 걸려 힘들어하는 것을 시작으로 임종을 앞둔 노인의 괴로운 마지막 숨소리에 이르기까지, 이 세상의 인생 행로에는 늘 아픔과 고통이 따라 다닌다. 그러므로 우리는 고난이 올 때 어떻게 행동해야 하며 무엇을 기대해야 할지 알도록 하나님이 고난에 대해 무엇을 말씀하시는지 배우는 것이 유익하다.

기독교는 인간 생활에 영향을 주는 모든 것을 포용하고 이 모두를 효과적으로 다룬다. 고난은 인간 생활의 실제적인 부분이다. 그리스도께서도 고난에 동참하셨는데, 그분은 고난당하심으로써 순종을 보이셨다. 고난받는 성도는 그리스도께서 이미 당하시고 찔리신 고난을 받는 것이다. 그리스도께서 당하시지 않은 고난을 받는 성도는 없다.

우리 주님은 지상에서 한 번만 고난당하신 것이 아니라, 지금도 고난받는 자기 백성과 함께하신다. 젊은 순교자의 죽음을 지켜보는 어떤 늙은 성도는 "보라, 우리 주님이 자기 손으로 만드신 육체 안에서 고통을 당하시는구나!" 하고 외쳤다. 어떤 시인은 이렇게 노래했다.

절망스런 한숨을 쉬며
당신의 창조주가
곁에 계시지 않다고 생각지 마오.

슬픔으로 눈물을 흘리며
당신의 창조주가
가까이 계시지 않다고 생각지 마오.

그런데 누구에게도 유익을 주지 못하는 고난이 있다. 바로 잃어버린 바 된 자가 받는 고난이다. 그리스도 밖에 있는 사람도 특별히 현명하거나 훌륭하지 않더라도 어느 정도의 고난은 견딜 수 있다. 다만 그 고난은 비참한 죄의 유산의 일부이며, 지옥의 고통을 미리 맛보는 것이다. 이런 고난에 관해서는 할 말이 별로 없다. 그리스도의 이름을 전하는 것 외에 우리가 할 수 있는 일은 거의 없다. 그저 가능한 만큼 고통을 덜어 주려고 노력할 뿐이다. 그들의 인종이나 민족이나 신조가 어떻든 간에 이것이 모든 불행한 자에게 복음의 빚진 자로서 최소한의 도리이다.

우리는 육체에 거하는 한 모든 인간의 자손과 마찬가지로 상실, 사별, 알 수 없는 번민, 실망, 이별, 배신과 오만 가지 슬픔 등 어느 정도 고통을 당할 것이다. 이들은 보다 적은 유익을 주는 고난들이다. 그러나 이런 고난까지도 그리스도를 따르는 자에게는 유용하다.

고난은 누구에게나 있을 수 있지만, 그리스도인이 고난을 기꺼이 받아들이고 기쁘게 복종하여 하나님께 돌리면 그 고난은 특별한 가치를 지니게 된다. 늘 깨어 있지 않으면 고난이 가져올 미지의 복을 잃을 것이다.

그런데 그리스도인에게만 알려진 또 하나의 고난이 있다. 바로 그리스도 때문에 기꺼이 겪는 자발적인 고난이다. 이러한 고난은 인간의 생각으로는 측량할 수 없는 부의 원천이며, 엄청난 가치를 지닌 즐거움이요 보화이다. 드물고 귀한 보화이다.

이 퇴폐적인 시대에 보화를 구하러 어두운 갱 속에 자발적으로 내려가는 사람은 드물다. 하지만 어디까지나 우리 자신의 선택에 달려 있다. 하나님은 우리를 이러한 고난에 강제로 몰아넣지 않으신다. 그분은 이런 십자가를 우리에게 지우지 않으실 뿐 아니라, 우리가 원치 않는 보화를 안겨 주지도 않으신다.

이러한 부는 목숨을 내놓아야 하는 곳에서 전심으로 봉사하는 자들, 자기 생명을 사랑하지 않고 그리스도 때문에 기꺼이 죽기까지 고난받는 자들, 사탄을 대적하는 데 생명을 걸고 자신이 자원한 것을 이행하는 자들을 위해 준비되었다. 이들은 세상의 시시한 것은 포기하고 하나님의 백성과 고난받기를 선택한다.

그들은 괴로움과 고난을 이 땅에서의 몫으로 받아들인다. 그들 위에는 십자가의 표가 있고 그들의 이름을 천국과 지옥에서 이미 알고 있다.

그런데 그들은 어디 있는가? 이런 그리스도인은 세상에서 씨가 말라 버렸단 말인가? 하나님의 성도가 무분별하게 안전만 추구해 온 것은 아닌가? 십자가는 상징에 불과하며, 피도 없고 눈물도 없는 옛 시대의 유물에 지나지 않는단 말인가? 고난을 두려워하며 죽기를 기피하는가? 나는 이렇게 되지 않기를 바라는 마음이 간절하지만 장담하지 못한다. 다만 하나님만이 해답을 갖고 계신다.

39

시련으로 인해
하나님을 찬양하라

위험하고 고통스러운 시련의 한복판에서 러더퍼드(Rutherford)는 기뻐서 어쩔 줄 몰라하며 "망치와 줄과 용광로로 인하여 하나님을 찬양하라"고 외쳤다.

망치는 유용한 도구다. 그러나 못이 감정과 지성을 지녔다면 다르게 말했을 것이다. 못에게 망치는 자기를 복종시키려고 사정없이 내리치며, 못이 보이지 않도록 강타하는 반대자요, 잔인하고 무자비한 원수이기 때문이다. 이것이 망치에 대한 못의 생각이다. 그리고 이는 한 가지를 **빼놓고** 정확한 생각이다.

못은 자기뿐 아니라 망치도 목수의 도구라는 사실을 놓치고 있다. 망치가 목수의 손에 쥐어져 있다는 사실을 기억한다면 못의 망치에 대한 원한은 사라질 것이다. 목수는 망치로 어느 부분을 쳐야 할지와 그것을 치기 위해 어떤 망치를 고를지 결정한다. 이것이 목수의 주권적인 권리다. 못이 목수의 뜻에 순종하여 못의 장래를 위한 자상한 계획을 조금이나마 알게 된다면, 못은 아무 불평 없이 망치에게 순종할 것이다.

줄이 하는 일은 쇠붙이의 모양이 다듬어질 때까지 모서리를 문질러 깎는 것이기에 더 괴롭다. 그러나 실제로는 줄이나 쇠붙이나 모두 주인의 쓰임을 받고 있다. 얼마만큼 깎아 낼 것인지, 쇠붙이의 모양을 어떻게 할 것인지, 힘든 줄질을 얼마만큼 더 계속해야 하는지 결정하는 것은 줄이 아니라 그 주인이다. 쇠붙이는 주인의 뜻을 받아들여야 하고, 줄질을 언제 또는 어떻게 할지 명령하지 않아야 한다.

용광로는 가장 나쁘다. 용광로는 무징하고 진인하게 거기에 들어오는 모든 타기 쉬운 것들에 달려들어 모두 재가 될 때까지 그의 격노를 결코 누그러뜨리지 않는다. 타기를 거부하는 모든 것은 본래의 의도나 목적을 잃은 채 형편없는 덩어리로 녹는다. 녹는 것은 모두 녹이고, 탈 수 있는 건 모두 태우는 용광로는 그의 파괴적 격노를 풀거나 쉬지 않는다.

러더퍼드는 어떻게 망치와 줄과 용광로로 인해 하나님을 찬양해야 한다는 것을 깨달았을까? 대답은 단순하다. 그는 망치의 주인을 사랑했고, 줄을 사용하는 주인을 흠모했으며, 자기 자녀의 영원한 복을 위해 용광로에 불을 때는 주님을 경배했기 때문이다.

그는 망치의 세찬 내리침이 더 이상 아픔이 되지 않는 것을 느꼈고, 줄이 깎아 내는 것을 실제로 기뻐할 수 있기까지 참았으며, 익숙해지도록 용광로 안에서 오랫동안 하나님과 함께 걸었다. 과장하는 말이 아니다. 그는 사실 그대로를 표현했다.

이러한 교리는 오늘날과 같이 연약하고 세속적인 시대를 사는 그리스도인에게는 환영받지 못한다. 우리는 기독교를 과거의 죄와 형벌을 피할 수 있고 미래에 천국을 소유하게 되는 고통 없는 체계로 생각하는 경향이 있다. 모든 속된 것에서 해방되고 어떻게 하든지 그리스도를 닮기를 바라는 마음으로 불타는 소원을 찾아보기 어렵다. 우리는 우리 아버지의 영원한 왕국에 들어가 성도들과 순교자들과 함께 식탁에 둘러앉기를 바란다. 그리고 하나님의 은혜로 그렇게 될 것이다. 그렇다. 우리는 그렇게 될 것이다.

우리 대부분에게 이는 거북한 경험이 될 수도 있다. 우리의 경험은 전투에 단련된 영웅 앞에 선, 싸움을 회피하는 병사의 침묵과 같을지 모른다. 그 영웅은 접전 시에 참전하여 승리를 거두었고 그 증거로 영광의 흉터를 얻었다.

하나님은 한 성도를 성도답게 하는 거룩한 사역을 위해, 마귀와 사물과 사람들을 망치와 줄과 용광로로 사용하신다. 하나님이 성도에게 큰 시련을 주시지 않는다면, 그분이 그에게 큰 복을 주실지 의심스럽다.

이 세대를 사는 우리는 하나님의 광대한 영적 스케일을 헤아리기에는 의심할 여지없이 너무도 연약하다. 구원은 불쾌한 것으로부터의 구출을 의미하게 되었다. 우리의 찬송과 설교는 우리를 위해 위안과 쾌락의 종교를 만들어 내고 있다. 가시와 십자가와 피의 장소를 시나쳐 버린 우리는 망치와 줄의 자용을 묵살하고 만다.

생소하게 들릴지 모르지만, 거룩한 길에서 우리가 견뎌야만 하는 많은 고통은, 밖에서 비롯된 고통이라기보다는 내적인 고통이다. 우리의 여행은 내적인 여행이며, 우리의 진정한 원수는 사람의 눈에는 보이지 않는다.

겉으로 드러나는 상황에 아무런 변화가 없어도 암흑과 낙심과 심한 자기 경멸이라는 공격을 당할 수 있다. 단지 대적과 하나님과 역경을 겪은 신자만이 무슨 일이 있었는지 알 것이다.

내적인 고통은 위대하고 힘 있는 성화가 이루어지는 곳에 항상 있었다. 그러나 그 고통을 겪는 마음만이 그 슬픔을 알기 때문에 누구도 이를 나누어 질 수 없다.

환경이 어떠하든지 하나님은 그의 자녀를 그만의 유일한 방법으로 깨끗하게 하신다. 용광로로 인해 하나님께 감사드리자.

40

패배처럼 보이는
승리도 있다

우리 주님도, 사도 베드로도, 사도 바울도

패배한 것처럼 보였다.

_ 드 투르빌(De Tourville)

어떤 사람이 패배한 삶을 살았는지, 아니면 승리의 삶을 살았는지 단정짓기 종종 어려울 때가 있다. 가끔 패배처럼 보이는 일도 나중에는 긍정적인 승리로 드러난다.

요셉이 노예로 팔렸을 때는 어린 꿈쟁이의 종말이 온 것 같았다. 여러 해가 흘러 하나님의 심오한 길이 드러났을 때 그는 회개하는 형들에게 "당신들은 나를 해하려 하였으나 하나님은 그

것을 선으로 바꾸사 오늘과 같이 많은 백성의 생명을 구원하게 하시려 하셨나니"(창 50:20)라고 말할 수 있었다. 요셉의 굴욕적인 패배가 결국에는 그의 승리가 되었고 그리하여 그의 온 가족을 보전할 수 있었다. 하나님은 다른 방법으로 목적을 달성하실 수도 있었다. 그러나 다른 방도를 사용하시지 않았다.

히브리의 세 소년이 일곱 배나 더 뜨겁게 한 풀무불 속으로 들어갔을 때 틀림없이 많은 사람은 머리를 설레설레 저으며 돌아섰을 것이다. 그러나 다음 순간, 불탄 흔적도 없이 하나님의 사람들이 온전히 보전된 것을 발견했을 때 사태는 달라졌다.

사드락, 메삭, 아벳느고는 상황이 어떻게 될지 확실히 알지 못했다. 그들은 왕에게 "왕이여 우리가 섬기는 하나님이 계시다면 우리를 맹렬히 타는 풀무불 가운데에서 능히 건져내시겠고 왕의 손에서도 건져내시리이다 그렇게 하지 아니하실지라도 왕이여 우리가 왕의 신들을 섬기지도 아니하고 왕이 세우신 금 신상에게 절하지도 아니할 줄을 아옵소서"(단 3:17-18)라고 말했다. 이렇게 숨막히는 순간을 당하며 그들은 마지막 때가 왔다고 생각했을 것이다. 그러나 하나님은 다른 방법을 아셨으며 그들의 패배를 승리로 이끄셨다.

그러나 이 원리가 정반대로 작용한다는 사실도 잊어서는 안 된다. 다윗이 우리아의 아내를 훔치는 데 성공했을 때, 그는 틀림없이 완전히 정복했다고 생각했을 것이다. 그러나 그 결과로 일어나는 사건들을 볼 때 그가 기절할 만큼의 고통을 당한 것을 알 수 있다. 그는 '정복'한 것 같았지만 결코 평탄치 않았다. 이방 나라 군대가 전쟁을 통해 결코 할 수 없었던 일을 다윗은 단 한 가지 악한 행동으로 이루었다. 이 일로 인해 패배를 초래하고 말았다. 이전에 골리앗을 만났을 때는 패배를 승리로 바꾸었지만, 밧세바를 만났을 때는 오랜 승리의 기록을 부끄러운 패배로 바꾸고 말았다.

이러한 모든 사실을 통해 우리는 한 가지 사실을 알 수 있다. 사람이 승리할 때 자기 마음을 순결하고 냉정하게 하지 않으면, 그리고 하나님을 의식하지 않으면 언제나 안전할 수 없다.

빌라도의 군인들이 그리스도를 땅에 메어치고 못 박으려고 끌고 갔을 때, 우리 주님의 모든 일이 실패로 끝나는 것처럼 보였다. 하나님의 사람이라면 이토록 수치스러운 죽음을 맞아서는 안 되었다. 무언가 단단히 잘못되었다. 인간이신 예수님은 이상을 따르고 꿈을 꾸는 분이셨다. 그러나 그분의 소망과 따르는 자들의 소망은 거칠고 실용적인 것을 추구하는 사람들의 잔인한 공격 아래 무너지고 있었다. 구경꾼도 그렇게 생각했다.

    그러나 우리 주님은 평소와 마찬가지로 침착하게 죽음을 맞으실 수 있었다. 모든 일이 어떻게 될 것인지 낱낱이 아셨기 때문이다. 그분은 십자가 저편에 있는 승리의 부활을 바라보셨다. 그분은 겉으로 나타나는 자기의 패배가 결국에는 인류를 위한 전 세계의 영광이 될 것을 아셨다.

Part 9

경배

보지 못한 분을 사랑하는 것은 가능하다
침묵은 찬송 이상의 찬송이다
세 가지 수준의 사랑이 있다
머리는 차가워야 한다
목적지 없는 세상을 따라 달릴 것인가
하나님은 처음과 나중이시다

41

보지 못한 분을
사랑하는 것은 가능하다

"예수를 너희가 보지 못하였으나 사랑하는도다"(벧전 1:8).

만일 베드로가 "너희가 알지 못하였으나 사랑하는도다"라고 했다면 그는 불가능한 일을 말한 것이었겠지만, 영감된 사도의 펜은 정확하게 기록하고 있다.

결코 침해당할 수 없는 마음의 법이 있다. 우리는 경험으로 알 수 없는 그 누구를 사랑할 수 없다. 이는 심리학적으로도 불가능한 일이다. 성경은 진리만을 말하기에 마음의 법을 침해하는 요구를 할 수 없다. 그래서 헨리 수소는 "주여, 당신만이 사랑하는 마음의 본질을 보시며 아시나이다. 당신은 전혀 알지 못하는 자를 결코 사랑할 수 없다는 것을 아시나이다"라고 썼다.

그러나 보지 못한 사람을 사랑할 수 있다는 말은 일상의 경험에서 충분히 증명할 수 있다. 예를 들면 앞을 보지 못하는 어머니도 빛나는 눈으로 보는 것 같은 즐거움을 가지고 아이를 가슴에 품을 수 있다. 그러나 그 어머니는 아기를 본 적이 없다. 어떻게 이런 일이 가능할까? 그 어머니는 비록 아기를 보지 못하지만 감미로운 여러 방법으로 그 아이를 경험하기 때문이다.

그녀는 아이의 연하고 부드러운 피부를 만질 수 있고, 우는 소리와 콜록콜록 소리를 들을 수 있다. 모든 어머니의 마음에 스민 사랑스럽기 그지없는 어린아이의 달콤한 냄새를 맡을 수 있다. 그녀는 그 아이를 알고, 그렇기 때문에 "보지 못한 자를 나는 사랑한다"라고 말할 수 있다.

그러나 알지 못하는 자를 사랑하기란 전적으로 불가능하다. 어느 정도 사랑할 수 있으려면 반드시 어느 정도의 경험이 있어야 한다. 이 사실은 보통 신자들이 하나님과 그리스도께 냉담한 이유를 설명해 준다. 듣지도 못하고 느끼지도 못하고 경험하지도 못한 존재를 어떻게 사랑할 수 있겠는가?

하나님에 대한 사상이 우리 정신에 가져다주는 고귀한 이상에 일종의 경의를 표할 수도 있고, 영원히 계시는 높고 거룩하신

분을 생각할 때 어떤 두려움을 느낄 수도 있다. 그러나 이런 느낌을 사랑이라고 말하기는 어렵다. 장엄한 존재에 대한 감상이요, 신비롭고 웅장한 존재에 대한 마음의 반응이라고 표현하는 편이 더 나을 것이다. 물론 좋고 바람직하지만 사랑은 아니다.

우리의 전부로 하나님을 사랑하라는 명령은 이루어지기 불가능해 보인다. 명령에 의해 누군가를 사랑할 수 없다고 변론할 수도 있을 것이다. 명령을 따라 사랑하기에 사랑은 너무 부드럽고 너무 허약하다. 마치 메마른 나무에게 열매를 맺으라고 하거나, 겨울 나무에게 푸르게 되라고 명령하는 것과 같다. 그러면 이것은 무엇을 의미할까?

그 답은 사람과 하나님의 본질 속에서 찾을 수 있다. 하나님은 자기 피조물의 순종을 받아야 할 존재이시다. 인간은 그분께 순종을 바치기 위해 있는 존재이다. 그러므로 인간은 마음에 있는 미미한 사랑의 흔적을 느끼든 그렇지 못하든 하나님께 온전히 순종해야 한다. 그분의 피조물이 그분께 순복해야 한다는 사실은 하나님의 주권과 관련된 문제이다.

인간의 가장 근본적인 죄는 불순종이다. 인간이 하나님께 불순종함으로써 하나님을 사랑해야 한다는 당연한 요구를 어겼다.

그 결과 하나님에 대한 사랑이 그의 마음속에서 죽어 버렸다. 그러면 어떻게 해야 그의 마음에 사랑이 다시 회복될 것인가? 이 질문에 대한 답은 한마디로 회개이다.

하나님께 냉담한 자신을 슬퍼하는가? 그렇다면 그 죄를 회개하라. 새롭고 뜨거우며 만족스러운 사랑이 마음속에 흘러들 것이다. 회개는 그에 따르는 하나님의 행동, 즉 그분의 자기 계시와 친밀한 교통으로 이어진다. 하나님을 추구하는 마음이 개인적인 경험으로 그분을 발견하기만 하면, 하나님을 사랑하는 일은 더 이상 문제가 되지 않는다. 하나님을 아는 것이 그분을 사랑하는 것이요, 하나님을 더 잘 아는 것이 그분을 더 사랑하는 것이다.

마음속에 있는 추악한 죄의 문제를 처리한 사람은 하나님에 관한 교리와 그분의 보이지 않는 임재의 교리를 아무 어려움 없이 받아들일 수 있다. 진실로 그들은 하나님을 보지는 못하나 하나님을 진실로 안다. 그들은 진정으로 "예수 그리스도를 보지 못하였으나 그분은 내가 사랑하는 분이다"라고 확신할 수 있다.

42

침묵은 찬송 이상의 찬송이다

그리스도인에게 널리 퍼진 생각 중 하나는, 찬송이 사람 영혼 속에 있는 주님을 향한 기쁨을 가장 높게 표현한다는 것이다.

이 생각은 진리에 매우 가까워 이를 의심한다면 영적으로 무례해 보일 수도 있다. 나는 신학적 먼지를 털어내거나 종교적 날벌레의 날개를 뜯어 내는 변태적 쾌감을 즐길 의도는 조금도 없다. 우리 머릿속에는 그릇된 개념이 수없이 많을 것이다. 이 그릇된 개념은 너무나 사소해서 주의를 끌 만큼이 못 된다. 저마다 한둘 쯤은 가지고 있는 작은 흉터와 같아서 아름답지는 않을지라도 해는 없으며, 진지한 사람에게 이야깃거리가 되기에는 너무 하찮다.

그러나 어떤 영적 경험이든 간에 찬송이 이를 최고로 표현한다는 생각은 사소하지 않다. 성경과 그리스도인의 간증에 비추어 점검해야 할 만큼 크고 의미가 있다.

성경과 수많은 성도의 간증은 찬송 이상의 어떤 경험이 있다고 보여 준다. 말로는 형용할 수 없는 경외심을 품게 하는 하나님의 임재 안에서 누리는 그런 기쁨이 있다. 곧 그리스도인의 경험 가운데 형언할 수 없는 영역에 속한 일이다.

많은 사람이 이를 경험하지 못하는 이유는 그런 것이 있을 수 있다는 사실 자체를 모르기 때문이다. 말로 표현할 수 없는 경외의 예배라는 개념이 이 시대 그리스도인에게서 완전히 사라졌다. 우리의 영적 삶의 수준이 너무 낮은 탓에 주님이 다시 오실 때까지 영혼의 깊은 것을 알려고 하는 사람이 없다. 그저 기다리는 것으로 만족하다 보니 가끔 찬송함으로써 우리 마음을 즐겁게 할 뿐이다.

찬송을 방해하려는 마음은 추호도 없다. 창조 그 자체도 찬송이 터져 나오는 가운데 시작되었다. 그리스도께서 죽음에서 살아나셨을 때 제자들이 함께 찬송했고, 다시 오실 때 티끌에 거하는 인생이 일어나 찬송하리라고 약속하셨다. 성경은 음악적인 책이다. 그리고 성경 다음으로 좋은 책은 찬송가이다. 그러나 여전히 찬송 이상의 그 무엇이 있다.

성경과 그리스도인의 전기는 침묵을 강조하지만 오늘날 우리는 침묵을 아무것도 아닌 양 취급한다.

오늘날 복음주의 교회의 통상적인 예배는 시끄러울수록 살아 있는 예배라고 말하는 듯하다. 소리를 내어 종교적 감정을 표현하면, 우리 흔들리는 마음이 '모든 것이 잘 되고 있다'라며 안도한다. 반대로 침묵은 집회가 '죽었다'는 증거로 의심받는다. 가장 경건한 사람들조차 하늘 문을 두드리려면 크게 외쳐야 한다고 생각한다.

그렇다고 모든 침묵이 다 영적인 것은 아니다. 어떤 그리스도인은 할 말이 없기 때문에 침묵한다. 어떤 사람은 표현할 수 없어서 침묵을 지킨다. 내가 말하는 것은 후자의 경우이다.

성령님이 구속받은 마음 안에서 완전히 활동하실 때 처음에는 평범한 말이나 기도, 간증으로 유창하게 찬양하고, 말로 표현하기에 너무 벅차면 그다음에는 찬송이 나온다. 여기서 영광의 무게를 감당할 수 없게 되면, 영혼에 비로소 침묵이 찾아오고 말할 수 없는 복을 느끼게 된다.

극단주의자나 광신자로 치부될 위험을 무릅쓰고 말하건대, 우리는 수년간의 단순한 연구보다 경외로운 하나님의 임재 가운데 말을 잃은 짧은 한순간에 더 많은 영적 발전을 얻을 수 있다고 믿는다.

우리의 지성을 앞세우는 한, 우리와 하나님의 얼굴 사이에는 언제나 자연의 휘장이 가려져 있다. 오직 우리가 자랑하는 지혜가 전능하신 분과의 숨 막히는 조우 속에서 패배할 때 우리는 비로소 참되게 알 수 있다. 바닥에 엎드려 말 없이 영혼이 감광판 위에 반짝이는 섬광처럼 하나님의 지식을 받는다. 조우한 시간은 짧을 수 있으나, 그 결과는 영원하다.

43

세 가지 수준의
사랑이 있다

그리스도인이 '하나님의 사랑'이라고 말할 때 대부분은 우리를 향한 하나님의 사랑을 의미한다. 그런데 이 말은 하나님을 향한 우리의 사랑을 뜻할 수도 있다.

첫째가는 제일 큰 계명은 우리의 전 인격을 다해 하나님을 사랑해야 한다는 것이다. 모든 사랑은 하나님께 기원을 두고 있기 때문에 그 사랑은 곧 하나님 자신의 사랑이다. 하지만 햇빛이 달에 반사되어 달빛이 되듯이, 우리도 그 사랑을 받아 반사시킬 수 있다.

어떤 종교 사상가는 하나님을 향한 그리스도인의 사랑을 감사의 사랑과 탁월성에 대한 사랑, 두 가지로 분류했다.

먼저 감사에서부터 우러나는 사랑은 "여호와께서 내 음성과 내 간구를 들으시므로 내가 그를 사랑하는도다"(시 116:1)와 "우리가 사랑함은 그가 먼저 우리를 사랑하셨음이라"(요일 4:19)와 같은 문장에서 발견할 수 있다. 전적으로 적합하고 합법적인 사랑이며, 가장 초보적이고 어린 종교적 감정이라고 할 수 있지만, 하나님께 완전히 열납될 수 있는 사랑이다.

받은 은혜에 대한 감사의 결과로 드리는 사랑에는 이기주의적인 면이 있을 수밖에 없다. 또한 이러한 사랑은 받은 유익이 있어야만 가능하다.

더 고차원적인 사랑은 탁월성에 대한 사랑이다. 이 사랑은 하나님의 영광스러운 존재를 숙고함으로써 자각하게 되는 것으로, 그 속에는 강한 감동이 깃들어 있다. "내 사랑하는 자는 희고도 붉어 많은 사람 가운데에 뛰어나구나 … 입은 심히 달콤하니 그 전체가 사랑스럽구나"(아 5:10, 16).

하나님의 탁월성에 대한 사랑은 감사로부터 나오는 사랑과는 다르다. 왜냐하면 그보다 더 고상하며, 여기에는 이기적인 요소가 거의 보이지 않기 때문이다. 그러나 이 두 가지 사랑에는 공통점이 있다. 모두 사랑하는 이유가 있다. 이유를 설명할 수 있는 사랑은 이성적인 것이며, 전적으로 순수한 상태에 도달하지 못한다. 이것은 완전한 사랑이 아니다. 우리는 감사의 사랑이나 탁월성에 대한 사랑 이상으로 하나님을 사랑해야 한다. 이 두 가지 사랑보다 더 높은 단계의 사랑이 있다.

우리의 수준으로 낮출 때, 감사와 감탄을 초월하는 사랑을 보기란 흔한 일이다. 예를 들면, 심각한 장애를 갖고 태어난 아이의 어머니는 같은 일을 겪지 않고는 전혀 이해할 수 없는 감정적 애착으로 자신의 아이를 사랑한다. 겉으로 보이는 것만 보고 말한다면 그 아이는 어머니의 가슴에서부터 감사를 전혀 불러일으키지 않는다. 왜냐하면 아이로 인한 모든 유익이 사라졌기 때문이다. 무기력한 아이는 날 때부터 무거운 짐이 되어 어머니의 어깨를 내리누른다. 그래도 그 어머니의 사랑은 보기에도 훌륭하고 놀랍다.

애정이 깃든 어머니의 감정은 아이를 삼키고, 자신과 아이는 하나라고 느낄 정도로 아이를 자기 자신의 내적 존재와 일치시킨다. 그녀와 아이의 생명은 아이를 낳기 이전의 그 신성한 기간보다 더 확실하게 일치된다. 언제나 마음에서부터 이루어진 일치는 혈과 육으로 경험되는 그 무엇보다 더 아름답기 때문이다.

요약하자면, 더 고차원적인 사랑은 그 사랑이 존재하는 이유를 댈 수도 없다. 이유를 대려고 시도조차 하지 않는, 이성을 초월한 차원이 있다. 이 차원은 "나는 무엇무엇 때문에 사랑한다"라고 말하지 않는다. 다만 "나는 사랑한다"라고 말할 뿐이다. 완전한 사랑에는 이유가 없다.

하나님이 주시는 유익은 결코 생각하지 않고 하나님만을 사랑하는 수준이 있다. 감탄과 애정에 대한 이유를 설명하지 않는 수준이 있다. 참으로 사랑은 더 낮은 단계에서 시작될 수 있지만, 빠르게 성숙하여 이성이 멈추고, 결국 마음이 설명할 수 없는 복된 경외 속에서 예배하는 수준에 이른다. 그 의미를 거의 알지 못해도 "거룩, 거룩, 거룩"이라고 외칠 수 있다.

너무 신비하거나 비현실적으로 보이는가? 나는 이 입장을 변호하기 위해 증거를 제시하려는 노력은 하지 않을 것이다. 이 사랑은 경험한 사람만이 알 수 있기 때문이다.

이런 사랑을 상식 밖의 일이라며 거부하거나 무시할 수도 있다. 그래도 좋다. 분명 누군가는 잠시나마 가 본 적이 있고 되돌아가기를 갈망하는 곳, 햇빛 찬란한 봉우리를 알 것이다. 그들은 어떤 증거도 필요하지 않다.

44

머리는
차가워야 한다

    하나님의 교회가 미리 알고 피해야 할 두 가지 위험이 있다. 둘은 정반대 되는 것인데, 바로 차가운 마음과 뜨거운 머리이다. 둘 중 치명적인 해를 부르는 것은 뜨거운 머리이다.

    인간의 마음은 나면서부터 이교적이다. 성경으로 충분한 교훈을 받고, 내주하시는 성령님의 조명을 충분히 받지 않으면 그의 종교적 신앙과 행위는 자신만의 개념을 도입하려고 든다. 예를 들면 성령의 열정과 육체의 열정을 혼돈할 것이며, 과열된 상상의 불꽃을 진정한 '쉐키나'(Shekinah)의 불꽃으로 오해할 것이다. 더군다나 이것이 종교 지도자 사이에서 발견될 경우에는 극히 위험하다.

물론 에스겔도 뜨거운 심령(참조. 겔 3:14; the heat of my spirit, KJV)으로 나아간 적이 있다. 그러나 그때에도 그의 마음은 평정을 잃지 않았다. 그는 곧이어 "여호와의 손이 강하게 내 위에 임했다"라고 말했다. 하나님의 견고한 손은 우리 영의 열정이 판단력을 흐려 극단적이고 미련한 행동으로 이끄는 것을 막아 준다.

우리는 기특한 열심 때문에 가끔 사실을 과장하는 죄를 범한다. 우리는 위대한 성도들의 열정, 열렬한 사랑, 불타는 갈망만을 주로 강조하고, 그들의 인격이 지닌 또 다른 특징, 즉 침착하고 주의 깊은 판단력과 탁월한 분별력은 완전히 간과한다.

그들은 대부분 비범할 정도로 균형이 잡혀 있었고 침착한 사람들이었다. 존 웨슬리의 영혼의 열정은 세월이 지난 지금도 여진히 느낄 수 있다. 그러나 그의 저서를 읽어 보면 누구든지 그는 매사에 매우 침착했고 균형 잡힌 판단을 내렸다는 것을 알 수 있다. 찰스 피니(Charles Finney)나 다른 많은 사람에 대해서도 이와 같이 말할 수 있는데, 그들은 우리 시대의 차가운 마음을 하늘의 불로 자극하는 모본이 된다.

만일 이것이 진정한 하나님의 불이라면 아무리 뜨거워도 지나치다고 결코 말할 수 없다. 그리고 만일 그 판단이 성령님에 의해 내려졌다면 종교적인 문제에 관한 한, 지나치게 냉정한 판단이라고는 결코 말할 수 없다.

교회 부흥의 역사를 보면 뜨거운 머리가 얼마나 해로운지 잘 알 수 있다. 교회에 임한 거의 모든 부흥이 그 부흥을 촉진하려 했던 바로 그 사람들에 의해 한순간에 중단되고는 했다. 부흥 운동이 하나님이 지시하신 범주를 벗어나 비대해지는 순간 위험이 시작된다. 극단주의자는 부흥의 힘에 올라타 지역적 명성을 얻게 되면 즉시 그 운동을 장악하려 든다. 그러면 곧 모든 것이 초점을 벗어난다.

그전에는 부수적이던 것이 이제 본질이 되었고, 부산물이 주산물이 되며, 임시적이고 바람직하지 않던 것이 이제는 그 자체로 그 운동에 대한 하나님의 표지가 된다. 그리하여 얼마나 많은 부흥이 이렇게 죽어갔는지 기록을 통해 얼마든지 볼 수 있다. 그런 기록이 아니더라도 우리의 짧은 경험으로도 이런 실례는 잘 알 것이다.

성령의 은사 가운데 분별의 은사만큼 실제로 유용한 은사가 없다. 이 위험한 시대에서는 이 은사가 높이 평가되어야 하며 없어서는 안 된다.

이 은사는 알곡에서 쭉정이를 가려내고 성령의 역사와 육적인 징후를 구별하게 한다. 이 은사가 없어 하나님의 많은 선한 백성이 반딧불을 좇으면서 스스로는 불 기둥과 구름 기둥을 따른다고 착각한다. 그리고 이를 반복하며 자기 영혼에 큰 해를 끼치고 다른 사람들을 혼란에 빠뜨린다.

세상에는 어떤 불가사의한 일이나 초자연적인 일이 없이는 하나님 믿기를 주저하는 사람이 있다. 그들은 사물을 전체적으로 올바르게 보지 못하고 근시안적으로 보기 때문에 먼 데 있는 유익을 놓치고 만다. 그들은 약간이라도 신비롭거나 비범한 것이면 무엇이든지 믿는다. 그들의 불은 크지 않지만 한 점에만 집중하기 때문에 놀라울 정도의 열을 낸다.

성소의 제사장은 희생 제사를 드릴 때 '땀을 나게 하는 것은 무엇이든' 착용할 수 없었다. 인간의 땀은 성령님의 역사에 아무것도 더할 수 없기 때문이다. 하나님의 뜨거운 불은 구원받은 사람의 지성을 만나면 차갑게 역사한다. 마음은 불타지만 판단력은 완전히 침착한 상태에 머물게 된다.

오늘날은 종교적으로 매우 혼란스러운 시대이다. 우리는 "하나님이 우리에게 주신 것은 두려워하는 마음이 아니요 능력과 사랑과 절제하는 마음"(딤후 1:7)임을 잘 기억해야 한다. 사랑이 점점 더 뜨겁게 타오르게 하라. 그러나 모든 행동은 고요한 지혜의 시험대에 올리라. 불은 용광로 안에만 있어야 한다. 과열된 굴뚝은 통제된 용광로보다 더 큰 소동을 일으킬 수 있다. 어쩌면 집을 송두리째 태워 버릴지도 모른다.

'용광로는 뜨겁게, 그러나 굴뚝은 차게'라는 구호를 명심하자.

45

목적지 없는 세상을 따라 달릴 것인가

　세상은 움직이고 시대는 변한다고 사람들은 말한다. 그런데 이 틀에 박힌 문구 때문에 많은 사람이 옛것은 공공연하게 비난하고 새것은 무엇이든 취하는 습관을 정당화한다. 옛것은 무조건 부족하고 새것은 무조건 좋다고 생각하기 때문이다.

　그러나 한 가지 완전히 잊고 있는 사실이 있다. 세상은 움직이고 시대는 변하지만 사람은 언제나 똑같다는 점이다. 추는 이리저리 흔들리는 동안에도 그 꼭대기가 고정되어 있다. 인간도 그 제한된 반경에서 움직이지만 본질은 변하지 않는다.

　인간은 패션 트렌드처럼 언제나 그대로다. 오늘 무엇이 유행하든 간에 잠깐만 기다려 보라. 그러면 몇 년 전으로 되돌아갈 것이다. 그리고 그 '새로운' 옛 스타일은 마치 유행하지 않았던 것처럼 열렬한 환호를 받을 것이다.

지각 있는 사람이라면 수년간 인류가 발전을 통해 변화를 이루어 왔다는 사실과, 그래서 진보와 전진을 주장해 왔다는 사실을 부인할 수 없다. 그러나 우리가 무엇을 향해 나아가고 있는지 지도자들조차 명확히 말하지 못한다. 목적지도 모르면서 과연 그 목적을 향해 '전진'하고 있다고 말할 수 있을까? 심지어 목적지가 존재하는지조차 모르는데 말이다. 하늘의 관점으로 영원한 가치의 빛 속에서 모든 것을 판단하도록 택함받은 그리스도인에게는 현대인이 최신 발명품과 최근 사건에 열광적으로 매달리는 모습이 조금 우스꽝스럽게 보일 것이다.

이 시점에서 이와 비슷한 예를 생각해 볼 수 있다. 제 꼬리를 쫓아 미친 듯이 달려드는 닥스훈트 한 마리, 하지만 그 꼬리는 이미 잘려나가 존재하지 않는다. 그런데 그 좌절한 강아지의 행동을 '진보'라고 증명하기 위해 안경을 쓴 엄숙한 닥스훈트들이 책을 쓰고 있다고 상상해 보라. 그것이 바로 오늘날의 모습이다.

그리스도인은 누군가가 유토피아를 가져오겠다며 새로운 계획을 떠들어대도 거기에 별 열정을 보이지 않는다. 그런 이유로 그들은 보수적이란 비난을 받는다. 누군가가 새로운 이상향을 외친다고 해서 그리스도인은 모든 방향으로 말몰이하듯 달려가지 않는다. 그래서 세상은 그들을 용서하지 않는다.

그러나 놀랄 일이 아니다. 참된 그리스도인은 본래부터 별난 존재이기 때문이다. 그는 한 번도 보지 못한 분을 지극히 사랑하고, 그가 볼 수 없는 어떤 분과 매일 친근하게 대화하며, 다른 분 덕분에 천국에 가기를 바라고, 채워지기 위해 자신을 비우며, 자기 죄를 시인해야 의롭다 함을 받을 수 있고, 일어서기 위해 자신을 낮추며, 가장 약할 때에 가장 강하고, 가장 가난할 때 가장 부요하며, 가장 불행하다고 느낄 때 가장 행복하다.

그는 죽어야만 살 수 있고, 소유하기 위해 버리며, 간직하기 위해 나누고, 보이지 않는 것을 보며, 들리지 않는 것을 듣고, 지식을 뛰어넘는다. 그러면서도 그는 믿기 어려울 정도로 실용적일 수 있다. 그의 농장은 가장 생산적이며, 그의 사업은 가장 잘 관리되고, 그의 기술은 주변에 있는 그 누구보다 더 빈틈이 없을지 모른다.

하나님을 만난 사람은 무엇을 찾지 않는다. 이미 찾았기 때문이다. 그는 빛을 찾지 않는다. 이미 빛이 비추었기 때문이다. 그의 확신은 독선적으로 보일 수 있지만, 직접 경험한 이의 확신이다. 그의 신앙은 전해 들은 것이 아니다. 그는 복사본이나 모조품이 아니다. 성령님의 손으로 빚어진 원본이다.

우리는 지금 특별히 뛰어난 성도를 말하는 것이 아니다. 아직 완전하지 않고 배울 것이 많지만 그러나 하나님을 직접 아는 참된 그리스도인을 말하고 있다. 하나님과의 이 교제가 세상이 '진보'라고 부르는 광란의 소용돌이에서 그를 지켜 준다.

우리는 여전히 시끄러운 양철 호각 소리를 들을 것이다. 4대 자유(1941년 1월 루스벨트 미국 대통령이 선언한 인류의 기본적 자유로서 언론의 자유, 신앙의 자유, 결핍으로부터의 해방, 공포로부터의 해방을 말한다.-역주), 혹은 전 인류의 형제애 혹은 원자 발전의 시대를 향해 용감히 행진하는 많은 행렬을 볼 것이다. 우리도 함께 발을 내딛기를 사람들은 기대할 것이다.

그때마다 기억하라. 우리는 지금 혼란에서 우리를 불러내 마침내 새 하늘과 새 땅에 이르게 할 일들을, 그 시작을 알리는 나팔 소리를 기다리고 있다.

우리는 기다릴 수 있다.

46

하나님은
처음과 나중이시다

　하나님은 처음과 나중이시다. 그렇다고 하나님을 시간의 흐름 속으로 끌어내리거나 세계의 흐름 속에 포함시키려는 것은 아니다. 하나님은 자기 피조물보다 뛰어나며 시간 밖에 계시다. 그러니 하나님은 피조물이 이해하기 쉽도록 시간이라는 용어를 사용해 그분을 언급하도록 허락하신다. 그래서 하나님은 자신을 알파와 오메가요, 시작과 끝이요, 처음과 나중이라고 하신다.

　하나님은 인간에게 하나님의 계획 안에서 꽤 많은 역할을 허락하셨다. 그러나 처음과 마지막에 대해 말하는 일은 허락하지 않으셨다. 이것은 하나님의 특권으로, 이것만은 하나님이 그의 피조물에게 결코 넘기지 않으셨다.

인간은 출생 시간과 장소를 스스로 선택할 수 없다. 이것은 하나님이 인간과의 협의 없이 결정하신다. 어느 날 작은 인간은 의식을 갖게 되어 자신의 존재를 발견하게 된다. 여기서부터 그의 의지적인 삶이 시작된다. 그 이전에 관해서는 어떤 것도 말할 권리가 없다. 이후에 인간은 뽐내며 걷고, 교만을 떨며, 개인의 자유에 대해 반항적인 선언을 한다. 그리고 스스로의 목소리에 용기를 얻어 하나님으로부터 독립하겠다고 주장하며, 자신을 '무신론자' 또는 '불가지론자'라고 선포한다.

작은 인간이여, 너는 단지 처음과 나중의 중간에서 재잘대며 지껄이는 것에 지나지 않는다. 너는 처음에도 소리를 낼 수 없었고 나중에도 아무 소리를 내지 못할 것이다. 하나님께는 그분이 처음 시작했듯이 나중에도 좌우지하실 권리가 있다. 그리고 원하든 원하지 않든 너는 하나님의 손안에 있다.

이러한 사실을 알게 되면 우리는 겸손해지고 용기를 얻는다. 우리가 얼마나 약하고, 얼마나 하나님께 의존해야 하는 존재인지 깨달으면 겸손해질 것이다. 그러나 다른 모든 것이 사라진 뒤에도 우리는 하나님을 여전히, 그리고 전과 다름없이 소유할 수 있다는 사실이 우리에게 큰 격려가 된다.

아담이 생령이 되었다. 그가 이러한 존재가 된 것은 자신의 의지가 작용한 결과가 결코 아니다. 이 일을 계획하고 아담을 산 사람으로 만들고자 의지를 행한 분은 하나님이시다. 하나님이 먼저 계셨다. 아담이 범죄하여 그의 전 생애가 파괴되었을 때도 하나님은 여전히 거기 계셨다. 아담은 몰랐겠지만, 그가 범죄한 후에도 하나님이 거기 계셔서 그는 미래에도 평화를 누릴 수 있었다. 아담의 시작에도 거기 계셨던 하나님이 그의 종말에도 거기 계셨다. 하나님은 마지막이시다.

우리는 이 놀랍고도 두려운 진리를 기억하며 살아가는 지혜를 가져야 한다. 하나님은 처음과 나중이시다. 이 사실을 기억한다면 많은 비극과 유혈을 초래하는 결정으로부터 나라들을 구할 것이다. 왕이나 정치인이 이 진리를 진지하게 생각한다면, 더욱 신중하게 행하고 더욱 적게 말할 것이다. 그들은 실제로는 중요한 인물이 아니며, 그들의 자유의 범위도 그들 생각보다 훨씬 더 제한적이다.

셸리(shelley)는 다음과 같은 이야기를 했다. 한 여행자가 사막을 가다가 굉장히 크고 몸통이 없는, 돌로 만들어진 두 개의 다리를 보았다. 그 옆에는 돌로 된 '주름진 입술과 냉정한 명령의 냉소'를 띤 박살난 얼굴이 모래에 반쯤 묻혀 있었다. 또한 한때 자랑스러운 우상이 서 있었던 단상에는 다음과 같은 말이 새겨져 있었다. "내 이름은 왕 중에 왕, 오지맨디아스(Ozymandias). 너희 강한 자들아, 나의 업적을 보고 절망하라."

그리고 이 시인은 다음과 같이 말한다. "아무것도 남아 있지 않았다. 파괴된 그 거대한 석상의 잔해 주위에는 외롭고 쓸쓸한 모래가 끝없이 저 멀리 흩어져 있었다."

단 한 가지를 제외하면 셸리의 말이 옳다. 아직 무언가가 남아 있었는데, 곧 하나님이시다. 그분은 처음부터 무덤의 그림자 아래에서 파렴치하게 교만을 부리던 그 미친 왕을 부드러운 동정의 눈초리로 바라보며 거기에 계셨다. 하늘의 바람이 그 우상을 넘어뜨리고 소용돌이치는 모래로 인간 쇠락의 흔적을 덮을 때에도 하나님은 거기 계셨다.

하나님은 마지막에도 거기 계신다.

사명선언문

너희가 흠이 없고 순전하여……세상에서 그들 가운데 빛들로
나타내며 생명의 말씀을 밝혀 _ 빌 2:15-16

1. 생명을 담겠습니다
만드는 책에 주님 주신 생명을 담겠습니다.
그 책으로 복음을 선포하겠습니다.

2. 말씀을 밝히겠습니다
생명의 근본은 말씀입니다.
말씀을 밝혀 성도와 교회의 성장을 돕겠습니다.

3. 빛이 되겠습니다
시대와 영혼의 어두움을 밝혀 주님 앞으로 이끄는
빛이 되는 책을 만들겠습니다.

4. 순전히 행하겠습니다
책을 만들고 전하는 일과 경영하는 일에 부끄러움이 없는
정직함으로 행하겠습니다.

5. 끝까지 전파하겠습니다
모든 사람에게, 땅 끝까지, 주님 오시는 그날까지
복음을 전하는 사명을 다하겠습니다.

서점 안내

광화문점 서울시 종로구 새문안로 69 구세군회관 1층
02)737-2288 / 02)737-4623(F)

강남점 서울시 서초구 신반포로 177 반포쇼핑타운 3동 2층
02)595-1211 / 02)595-3549(F)

구로점 서울시 동작구 시흥대로 602, 3층 302호
02)858-8744 / 02)838-0653(F)

노원점 서울시 노원구 동일로 1366 삼봉빌딩 지하 1층
02)938-7979 / 02)3391-6169(F)

일산점 경기도 고양시 일산서구 중앙로 1391 레이크타운 지하 1층
031)916-8787 / 031)916-8788(F)

의정부점 경기도 의정부시 청사로47번길 12 성산타워 3층
031)845-0600 / 031)852-6930(F)

인터넷서점 www.lifebook.co.kr